नेपाली बातचीत शब्दकोश

네팔어 회화 사전

정 미 라 지음

문예림

들어가기

네팔에서의 2년 반의 시간은 저의 많은 것을 바꿔 놓았습니다. 네팔 트리부반 대학교 비쇼바사 캠퍼스에서 네팔인들에게 한국어를 가르치며 한국어를 새로운 시각에서 볼 수 있었고, 현지에서 네팔어를 배우며 새로운 언어를 배운다는 것이 얼마나 큰 기쁨인지 알게 되었습니다. 네팔어 회화 책을 내기에 부족한 실력임을 알지만 네팔어를 배우는 즐거움을 함께 나누고 싶어 이 책을 만들게 되었습니다. 어느 나라에서든 영어를 사용하여 충분히 여행을 할 수 있지만, 그 나라의 언어를 배워서 현지인과 소통하며 여행하는 것은 현지인의 일상을 더 가까이에서 들여다 볼 수 있게 하는 또 하나의 즐거움입니다.

이 책은 화제에 따라 총 10과로 구성되어 있습니다. 네팔어 문자와 발음, 네팔어 문법에 대한 설명을 통해 네팔어에 대한 기본 지식을 익히고, 각 과에서 구체적인 표현을 익힐 수 있습니다. 부록에는 문법 색인과 단어 색인을 실어 필요한 단어와 문법을 찾을 수 있습니다. 각 문장의 아래에는 한국어로 독음을 달아 읽을 수 있게 하였으나, 네팔어를 한국어로 표현하는 데에는 한계가 있으므로, CD를 들으며 함께 익히시기를 바랍니다.

제가 네팔어를 배웠던 때를 생각하며 이 책을 썼습니다. 부족한 부분이 많지만, 제 메일(deepblue222@hanmail.net)로 의견을 주시면 차후 수정해 나가도록 하겠습니다. 끝으로, 네팔어 교정을 봐 주신 Manoj Kumar Dangi 씨와 네팔어를 가르쳐 주신 Madhav P. Pokharel 교수님, 네팔어 녹음에 참여해 주신 Salik Gram Basel 씨와 Indira Bhandara Basel 씨, 문예림 출판사의 서덕일 사장님 이하 직원분들께 감사의 마음을 전합니다.

2012년 5월
저자 정 미 라

Contents

01 인사 표현

05 사교 표현

06 화제 표현

07 일상 표현

08 긴급 표현

부록

 01 네팔어 발음 

네팔어는 산스크리트어에 기원을 두고 있으며, 인도유럽어족의 학파로 네팔, 인도 일부, 부탄, 미얀마 등에서 사용되고 있다. 네팔어 표기 문자는 '데바나가리'라고 하며 자음과 모음은 다음과 같다.

네팔어 모음

अँ	[a~]	अं	[am]	अः	[aʰ]	अ	[ʌ]	आ	[a]
इ	[i]	ई	[i:]	उ	[u]	ऊ	[u:]	ऋ	[ri]
ए	[e]	ऐ	[ai]	ओ	[o]	औ	[au]		

네팔어 자음

क	[k]	ख	[kʰ]	ग	[g]	घ	[gʰ]	ङ	[ŋ]
च	[ts]	छ	[tsʰ]	ज	[dz]	झ	[dzʰ]	ञ	[n]
ट	[t]	ठ	[tʰ]	ड	[ɖ]	ढ	[dʰ]	ण	[ɳ]
त	[t]	थ	[tʰ]	द	[d]	ध	[dʰ]	न	[n]
प	[p]	फ	[pʰ]	ब	[b]	भ	[bʰ]	म	[m]
य	[y]	र	[r]	ल	[l]	व	[w]		
ष	[s]	श	[s]	स	[s]	ह	[ɦ]		

1. 모음 읽기

모음	발음	유사한 한국어 발음	*반모음	자음 क[k]와 같이 쓸 때
अ[ʌ]	어	'어'와 '아'의 중간 발음이나 '어'에 가깝게 들린다. '어머니'의 '어'		क[kʌ]
आ[a]	아	'아버지'의 '아'	ा	का[ka]
इ[i]	이	'아이'의 '이'	ि	कि[ki]
ई[iː]	이:	'이'의 장음이나, 현재는 장단음을 구별하지 않고 '이'와 같이 발음한다.	ी	की[ki]
उ[u]	우	'우유'의 '우'	ु	कु[ku]
ऊ[uː]	우:	'우'의 장음이나, 현재는 장단음을 구별하지 않고 '우'와 같이 발음한다.	ू	कू[ku]
ऋ[ri]	리:	'우리'의 '리'	ृ	कृ[kri]
ए[e]	에	'레몬'의 '에'	े	के[ke]
ऐ[ai]	어이	'어'와 '이'를 한 문자처럼 빠르게 발음한다.	ै	कै[kai]
ओ[o]	오	'오리'의 '오'	ो	को[ko]
औ[au]	어우	'어'와 '우'를 한 문자처럼 빠르게 발음한다.	ौ	कौ[kau]

♣ 네팔어의 모음은 자음과 함께 사용될 때, 제 형태 중 일부만 자음에 붙어 사용되는데, 이를 **반모음**이라고 한다.

2. 자음 읽기

자음	발음	유사한 한국어 발음	* 반자음	반자음이 사용되는 예
क[k]	꺼	'두꺼비'의 'ㄲ'	क्र	क्ल
ख[kʰ]	커	'카드'의 'ㅋ'	ख्र	ख्ल
ग[g]	거	'거미'의 'ㄱ'	ग्र	ग्ल
घ[gʰ]	거허	유성유기음으로 'ㄱ'을 발음하되, 목구멍 안쪽에서부터 더 센 소리가 나서, 'ㄱ'뒤에 '허' 비슷한 소리가 난다.	घ्र	घ्व
ङ[ŋ]	엉	받침으로만 사용되며, '엉'과 유사하게 들린다.		
च[ts]	쩌	'짜다'의 'ㅉ'	च्र	च्न
छ[tsʰ]	처	'치마'의 'ㅊ'	छ्र	छ्या
ज[dz]	저	'저고리'의 'ㅈ'	ज्र	ज्न
झ[dzʰ]	저허	유성유기음으로 'ㅈ'을 발음하되, 목구멍 안쪽에서 더 센 소리가 나서, 'ㅈ' 뒤에 '허' 비슷한 소리가 난다.	झ्र	झ्न
ञ[n]	너	'ㄴ'와 비슷하게 들린다.	ञ्र	ञ्न
ट[t]	떠	혀를 말아 경구개에 붙였다 떼면서 'ㄸ' 소리를 낸다.	ट्र	ट्ट
ठ[tʰ]	터	혀를 말아 경구개에 붙였다 떼면서 'ㅌ' 소리를 낸다.	ठ्र	ठ्या
ड[d]	더	혀를 말아 경구개에 붙였다 떼면서 'ㄷ' 소리를 낸다.	ड्र	ड्या
ढ[dʰ]	더허	혀를 말아 경구개에 붙였다 떼면서 'ㄷ' 소리를 내며, 'ㄷ' 뒤에 '허' 비슷한 소리가 난다.	ढ्र	ढ्या
ण[ɳ]	어러	혀를 말아 경구개에 붙였다 떼면서 빠르게 '어러'라고 발음한다.	ण	ण्ड

자음	발음	유사한 한국어 발음	*반자음	반자음이 사용되는 예
त[t]	떠	'뜨겁다'의 'ㄸ'	त्	त्म
थ[tʰ]	터	'타다'의 'ㅌ'	थ्	थ्य
द[d]	더	'다리'의 'ㄷ'	द्	द्द
ध[dʰ]	더허	유성유기음으로 'ㄷ'를 발음하되, 목구멍 안쪽에서 더 센 소리가 나서, 'ㄷ' 뒤에 '허' 비슷한 소리가 난다.	ध्	ध्व
न[n]	너	'나무'의 'ㄴ'	न्	न्या
प[p]	뻐	'아빠'의 'ㅃ'	प्	प्या
फ[pʰ]	퍼	'파리'의 'ㅍ'	फ्	फ्न
ब[b]	버	'바지'의 'ㅂ'	ब्	ब्न
भ[bʰ]	버허	유성유기음으로 'ㅂ'를 발음하되, 목구멍 안쪽에서 더 센 소리가 나서, 'ㅂ' 뒤에 '허' 비슷한 소리가 난다.	भ्	भ्या
म[m]	머	'머리'의 'ㅁ'	म्	म्न
य[y]	여	'여자'의 '여'		
र[r]	러	'머리'의 'ㄹ'	*주1)	य
ल[l]	러	'매일'의 'ㄹ'	ल्	ल्ल
व[w]	워/버	'워드'의 '워'	व्	व्य
ष[s]			ष्	ष्न
श[s]	서	'서울'의 'ㅅ'	श्	श्ट
स[s]			स्	स्न
ह[ɦ]	허	'허리'의 'ㅎ'	ह्	ह्व

♣ 반자음 : 네팔어는 두 개 이상의 자음이 함께 쓰이는 자음군이 가능하다.
　　　　　두 개 이상의 자음이 함께 쓰일 때, 앞에 나오는 자음은 반자음을 쓰
　　　　　고 뒤에 나오는 자음은 원래 형태로 쓴다.

♣ 주1) 네팔어 र[r]의 반자음은 함께 쓰이는 자음에 따라 다음과 같은 네 가지 형
　　　태가 있다.

　　र् + छ = छ्　　　　　र् + य = र्य　　　　　ग् + र = ग्र　　　　　द + र् = द्र

♣ 복자음 : 네팔어는 두 개의 자음이 붙어 하나의 자음처럼 쓰이는 복자음이 존
　　　　　재한다. 복자음에는 다음의 네 가지가 있다.

　　क्ष [kchya] 치어　　　　त्र [tra] 뜨러　　　　ज्ञ [jya] 기어　　　　श्र [sra] 쓰리

3. 네팔어 음절

(V : 모음, C : 자음)

유형	예시	
V	ए=/ए[e]/	에
C V	के[ke]=/क[k]/ + /ए[e]/	ㄲ + ㅔ = 께
C C V	प्र[pra]=/प[p]/ + /र[r]/ + /आ[a]/	ㅃ + ㄹ + ㅏ = 쁘라
V C	एक[ek]=/ए[e]/ + /क[k]/	ㅔ + ㄲ = 엒
C V C	खेल[kʰel]=/ख[kʰ]/ + /ए[e]/ + /ल[l]/	ㅋ + ㅔ + ㄹ = 켈
C C V C	स्थाल[stʰal] =/स[s]/ + /थ[tʰ]/ + /आ[a]/ + /ल[l]/	ㅅ + ㅌ + ㅏ + ㄹ = 스탈
C C C V	स्त्री[stri] =/स[s]/ + /त[t]/ + /र[r]/ + /इ[i]/	ㅅ + ㄸ + ㄹ + ㅣ = 스뜨리

4. 네팔어 자모표

자음＼모음	अ[ʌ] ㅓ	आ[a] ㅏ	इ[i] ㅣ	उ[u] ㅜ	ए[e] ㅔ	ओ[o] ㅗ
क[k] ㄲ	क 꺼	का 까	कि 끼	कु 꾸	के 께	को 꼬
च[ts] ㅉ	च 쩌	चा 짜	चि 찌	चु 쭈	चे 쩨	चो 쪼
ट[t] ㄸ	ट 떠	टा 따	टि 띠	टु 뚜	टे 떼	टो 또
त[t] ㄸ	त 떠	ता 따	ति 띠	तु 뚜	ते 떼	तो 또
प[p] ㅃ	प 뻐	पा 빠	पि 삐	पु 뿌	पे 뻬	पो 뽀
र[r] ㄹ	र 러	रा 라	रि 리	रु 루	रे 레	रो 로
स[s] ㅅ	स 서	सा 사	सि 시	सु 수	से 세	सो 소

5. 간단한 네팔어를 읽어 볼까요?

네팔어	발음	의미
नमस्ते	너머스떼	안녕하세요
नाम	남	이름
कोरिया	꼬리야	한국
आमा	아마	엄마
बुबा	부바	아빠
दिदी	디디	언니, 누나
दाइ	다이	오빠, 형
बहिनी	버히니	여동생
भाइ	바이	남동생
साथी	사티	친구
माया	마야	사랑
जानु	자누	가다
आउनु	아우누	오다
खानु	카누	먹다
सुत्नु	수트누	자다
पढ्नु	빠르누	공부하다

02 네팔어 문법

1. 종결어미 '입니다'와 '어찌합니다'

■ 가장 많이 쓰이는 종결어미 : हो(호, 입니다)와 छ(처, 어찌합니다)

■ हो : 명사 + हो (호, 입니다)

   ☞ यो काठमाडौ हो।

     요 카트만두 호. (이곳은 키트만두입니다.)

     यो कलम हो।

     요 껄럼 호. (이것은 볼펜입니다.)

■ छ : 형용사, 위치 + छ(처, 어찌합니다)

   ☞ यो ठूलो छ।

     요 툴로 처. (이것은 큽니다.)

     कलम मेचमा छ।

     껄럼 메쯔마 처. (볼펜이 의자에 있습니다.)

2. 종결어미 हो(호, 입니다)

■ 종결어미 हो는 인칭, 단수와 복수에 따라 형태가 변합니다.

■ 1, 2인칭 단수, 복수 뒤에서 쓰일 때

		긍정	부정
단수	म (머, 나)	हुँ (후, 입니다)	होइन (호이너, 아닙니다)
	तँ (떠, 너) : 아랫사람에게	होस् (호스, 입니다)	होइनस् (호이너스, 아닙니다)
	तिमी (띠미, 너) : 친구에게	हौ (허우, 입니다)	होइनौ (호이너우, 아닙니다)
	तपाई (떠빠이, 당신) : 윗사람에게	हुनुहुन्छ (후누훈처, 이십니다)	हुनुहुन्न (후누훈너, 아니십니다)
복수	हामी (하미, 우리)	हौं (허웅, 입니다)	होइनौं (호이너웅, 아닙니다)
	हामीहरू (하미허루, 우리들)	हौं (허웅, 입니다)	होइनौं (호이너웅, 아닙니다)
	तिमीहरू (띠미허루, 우리들) : 친구들일 때	हौ (허우, 입니다)	होइनौ (호이너우, 아닙니다)
	तपाईहरू (떠빠이허루, 당신 들) : 윗사람일 때	हुनुहुन्छ (후누훈처, 이십니다)	हुनुहुन्न (후누훈너, 아니십니다)

■ 3인칭 단수, 복수 뒤에서 쓰일 때

			긍정	부정
단수	아랫 사람에게	ऊ (우, 사람이 멀리 있을 때) यो (요, 사물이 가까이 있을 때) त्यो (띠요, 사물이 멀리 있을 때)	हो (호, 입니다)	हो (호이너, 아닙니다)
	친구에게	उनी (우니, 멀리 있을 때) यिनी (이니, 가까이 있을 때) तिनी (띠니, 멀리 있을 때)	हुन् (훈, 입니다)	होइनन् (호이넌, 아닙니다)
	윗사람에게	यहाँ (여하, 가까이 있을 때) वहाँ (워하, 멀리 있을 때)	हुनुहुन्छ (후누훈처, 이십니다)	हुनुहुन्न (후누훈너, 아니십니다)

			긍정	부정
복수	아랫 사람에게	यी (이, 멀리 있을 때) ती (띠, 멀리 있을 때)	हुन् (훈, 입니다)	होइनन् (호이넌, 아닙니다)
	친구에게	उनीहरू (우니허루, 멀리 있을 때) यिनीहरू (이니허루, 가까이 있을 때)	हुन् (훈, 입니다)	होइनन् (호이넌, 아닙니다)
	윗사람에게	यहाँहरू (여하허루, 가까이 있을 때) वहाँहरू (워하허루, 멀리 있을 때)	हुनुहुन्छ (후누훈처, 이십니다)	हुनुहुन्न (후누훈너, 아니십니다)

3. 종결어미 छ (처, 어찌합니다)

		긍정	부정
1인칭 단수	म (머, 나)	छु (추, 어찌합니다)	छैन (처이너, ~ 않습니다)
1인칭 복수	हामी (하미, 우리)	छौं (처웅)	छैनौं (처이너웅)
2인칭 단수	तँ (떠, 너) : 아랫사람에게	छस् (처스)	छैनस् (처이너스)
2인칭 단수	तिमी (띠미, 너) : 친구에게	छौ (처우)	छैन (처이너)
3인칭 (사물)	ऊ (우, 사람이 멀리 있을 때) यो (요, 사물이 가까이 있을 때) त्यो (사물이 멀리 있을 때)	छ (처)	छैन (처이너)

		긍정	부정
3인칭 (사람)	उनी (우니, 멀리 있을 때) यिनी (이니, 가까이 있을 때) तिनी (띠니, 멀리 있을 때)	छन् (처스)	छैनन् (처이넌)
3인칭 복수	यी (이, 멀리 있을 때) ती (띠, 멀리 있을 때)	छन् (처스)	छैनन् (처이넌)

4. 명사

■ 남성, 여성형이 있지만 크게 중요하지는 않다. 보통 남성형은 'ㅏ' 어미를 쓰고, 여성형은 'ㅣ' 어미를 쓴다.
  ☞ 삼촌 : 까까, 숙모 : 까끼

■ 복수형 : 단수형 뒤에 '허루'를 붙여 복수를 나타낸다.
  ☞ 사티(친구) → 사티허루(친구들)
     만체(사람) → 만체허루(사람들)

■ 소유격 : 명사 뒤에 '꼬'를 붙인다.
  ☞ 아마(엄마) + 꼬(의) → 아마꼬(엄마의)
     까까(삼촌) + 꼬(의) → 까까꼬(삼촌의)

■ 호격 : 사람을 부를 때는 뒤에 '지'를 붙인다.
  ☞ 미라 지(미라 씨)
     시버 지(시버 씨)!

5. 대명사

■ 상대방에 따라 부르는 호칭이 다르며, 동사의 형태 또한 변한다.

		주격(이/가)	소유격(의)	목적격(을/를)
1인칭	나 우리	म (머) हामी (하미)	मेरो (메로) हाम्रो (함로)	मलाई (멀라이) हामीलाई (하미라이)
2인칭	당신 당신들	तपाई (떠빠이) तपाईहरू (떠빠이허루)	तपाईको (떠빠이꼬) तपाईहरूको (떠빠이허루꼬)	तपाईलाई (떠빠이라이) तपाईहरूलाई (떠빠이허루라이)
3인칭	그 그녀 그들	उहाँ (우하) उहाँहरू (우하허루)	उहाँको (우하꼬) उहाँहरू को (우하허루꼬)	उहाँलाई (우하라이) उहाँहरूलाई (우하허루라이)

■ 2인칭에서 친한 친구나 아랫사람에게는 तपाई (떠빠이) 대신 तिमी (띠미)를 쓴다.

■ 3인칭에서 아랫사람에게는 उहाँ (우하) 대신 उनी (우니)를 쓴다.

6. 형용사

■ 명사 앞에서 명사를 꾸며주는 역할을 한다.
　☞ 람로(좋은) + 만체(사람) → 람로 만체(좋은 사람)
　　틀로(큰) + 아카(눈) → 틀로 아카(큰 눈)

■ 동사와 같이 서술어로도 쓰인다.
　☞ 풀(꽃) + 순떨라 처(예쁘다) → 풀 순떨라 처. (꽃은 예쁘다.)
　　아카(눈) + 사노 처(작다) → 아카 사노 처. (눈이 작다.)

7. 동사

■ 동사의 기본형은 '-누'로 끝나며 주어나 시제에 따라 형태가 달라진다.

■ 현재 시제의 동사 변화

주어	긍정	부정	예시 (기본형 '-누'를 빼고 변화형을 넣는다.)
머(나)	추	디너	카누(먹다) → 칸추, 카디너
하미(우리)	처웅	더이너웅	카누(먹다) → 칸처웅, 카더이너웅
띠미(너)	처우	더이너우	카누(먹다) → 칸처우, 카더이너우
떠빠이(당신)	후누훈처	후누훈너	카누(먹다) → 카누훈처, 카누훈너
우니(그, 그녀)	천	더이넌	카누(먹다) → 칸천, 카더이넌
우하(그분)	후누훈처	후누훈너	카누(먹다) → 카누훈처, 카누훈너

■ 과거 시제의 동사 변화

주어	긍정	부정	예시 (기본형 '-누'를 빼고 변화형을 넣는다.)
머(나)	애	이너	카누(먹다) → 카애, 카이너
하미(우리)	용	애너웅	카누(먹다) → 카용, 카애너웅
띠미(너)	요	애너우	카누(먹다) → 카요, 카애너우
떠빠이(당신)	누버요	누버애너	카누(먹다) → 카누버요, 카누버애너
우니(그, 그녀)	애	애넌	카누(먹다) → 카애, 카애넌
우하(그분)	누버요	누버애너	카누(먹다) → 카누버요, 카누버애너

8. 전치사

■ 명사나 대명사 뒤에 전치사를 붙인다.

  ☞ 먼(마음) + 마(에) → 먼마(마음에)

    머(나) + 라이(에게) → 멀라이(나에게)

    떠빠이(당신) + 뻐니(또한) → 떠빠이뻐니(당신 또한)

9. 의문대명사

누가	को (꼬)
언제	कहिले (꺼힐레)
어디서	कहाँ (꺼하)
무엇을	के (께)
어떻게(방법)	कसरी (꺼서리)
어떻게(상태)	कस्तो (꺼스또)
왜	किन (끼너)
어느	कुन (꾼)

10. 기수와 서수

■ 네팔어로 숫자 쓰기

1	१	6	६	11	११	16	१६
2	२	7	७	12	१२	17	१७
3	३	8	८	13	१३	18	१८
4	४	9	९	14	१४	19	१९
5	५	10	१०	15	१५	20	२०

■ 기수

1	एक 액	21	एकाइस 엑까이스
2	दुई 두이	22	बइस 버이스
3	तिन 띤	23	तेइस 떼이스
4	चार 짜르	24	चैबीस 쪼비스
5	पाच 빠쯔	25	पच्चीस 뻐찌스
6	छ 처	26	छब्बीस 처비스
7	सात 사트	27	सत्ताइस 서따이스
8	आठ 아트	28	अठ्ठाइस 어타이스
9	नौ 너우	29	उन्तीस 우넌띠스
10	दस 더스	30	तीस 띠스
11	एघार 에가러	40	चालीस 짤리스
12	बाह्र 바러	50	पचास 뻐짜스

13	तेह्र 떼이러	60	साठी 사티
14	चौध 쪼우러	70	सत्तरी 서떠리
15	पन्ध्र 뻔드러	80	अशी 어시
16	सोह्र 소러	90	नब्बे 너베
17	सत्र 서뜨러	100	सय 서여
18	अठार 어타러	1000	हजार 허자르
19	उन्नाइस 운나이스	십만	लाख 락
20	बीस 비스		

■ 서수

첫 번째	पहिलो 뻐힐로
두 번째	दोस्रो 도스로
세 번째	तेस्रो 떼스로
네 번째	चौथो 쪼우토
다섯 번째	पाँचौं 빠쪼우
여섯 번째	छैटौं 처이또웅
일곱 번째	सातौं 사또웅
여덟 번째	आठौं 아또웅
아홉 번째	नवौं 너버웅
열 번째	दसौं 더서웅

11. 접속사

그리고	*त्यसपछि* 떼스뻐치	그래서	*त्यसैले* 떼서일레
그러나	*तर* 떠러	왜냐하면	*किनभने* 끼너버네
그러면	*त्यसो भए* 떼소 버애	만약	*भने* 버네
그러나까	*त्यस कारणले* 떼스 까럴레	그러므로	*तसर्थ* 떠설터

☞ 머 카나 칸추. **떼스뻐치** 찌아 뻬운추.
밥을 먹습니다. 그리고 차를 마십니다.

☞ 머 뻐이샤 처. **떠러** 서머야 처이너.
돈은 있습니다. 그러나 시간이 없습니다.

☞ 따우꼬 두쿄. **떼소 버애** 어스뻐탈마 자누스.
배가 아픕니다. 그러면 병원에 가십시오.

☞ 서머야 처이너. **떼스 까럴레** 어힐레 번누스.
시간이 없습니다. 그러니까 지금 말하세요.

☞ 이스쿨마 딜로 버요. **떼서일레** 꺼치아 서파 거료.
학교에 늦었습니다. 그래서 교실을 청소했습니다.

☞ 택시 쩌료. **끼너버네** 빠니 뻐레꼴레.
택시를 탔습니다. 왜냐하면 비가 왔기 때문입니다.

☞ 빠니 너 뻐료 **버네** 풋볼 켈처웅.
만약 비가 오지 않으면, 축구를 합시다.

☞ 서머시야 처 버네 엑끌레이 소쯔너 가로처. **떠설터** 성거이 서허욕 거러웅.
문제가 생기면 혼자 생각하기 어렵습니다. 그러므로 서로 도웁시다.

Tema

인사 표현

राम : नमस्ते, निरजी !
람 : 너머스떼, 니르 지!

निर : नमस्ते, रामजी !
니르 : 너머스데, 람 지!

राम : भेट्न भऐको धेरै भयो ।
람 : 베트너 버에꼬 데레 버요.

निर : हजुर, नभेटेको कति भया ?
니르 : 허주르, 너베테꼬 꺼띠 버요?

राम : नभेटेको तिन बर्ष भयो ।
람 : 너베테꼬 띤 버르사 버요.
सन्चै हुनुहुन्छ ?
선쩨이 후누훈처?

निर : हजुर, सन्चै छु ।
니르 : 허주르, 선쩨이 추.
स्वास्थ्य कस्तो छ ?
스와스티어 꺼스또 처?

राम : राम्रो छ । परिवार पनि सन्चै हुनुहुन्छ ?
람 : 람로 처. 뻐리와르뻐니 선쩨이 후누훈처?

निर : हजुर, सन्चै हुनुहुन्छ ।
니르 : 허주르, 선쩨이 후누훈처.
अहिले पनि उहि काम गर्नु हुन्छ ?
어힐레 뻐니 우히 깜 거르누 훈처?

राम : हजुर, उहि काम गर्छु ।
람 : 허주르, 우히 깜 거르추.

निर : परिवारलाई मेरो खबर भनि दिनुस् ।
니르 : 뻐리와르라이 메로 커벌 버니 디누스.

राम : हजुर । समय छ भने आउनुस् ।
람 : 허줄. 서머야 처 버네 아우누스

람 : 안녕하세요, 니르 씨.

니르 : 안녕하세요, 람 씨.

람 : 이게 얼마만이에요.

니르 : 그러게요. 못 만난지
얼마나 된 거죠?

람 : 3년이나 됐어요.
잘 지내셨어요?

니르 : 네, 잘 지냈어요.
건강은 어떠세요?

람 : 좋아요. 가족들은요?

니르: 네, 가족들도 좋아요.
지금도 같은 일 하세요?

람 : 네, 그럼요.

니르: 가족들에게 안부 전해
주세요.

람 : 네, 시간날 때 놀러 오세요.

 일상적인 인사

간단한 인사

안녕하세요.
नमस्ते।
너머스떼

잘 지내셨어요?
सन्चै हुनुहुन्छ?
선쩌이 후누훈처?

네, 잘 지냈어요.
हजुर, सन्चै छु।
허주르, 선쩌이 추.

건강은 어때요?
स्वास्थ्य कस्तो छ?
스와스띠어 꺼스또 처?

아주 건강해요.
राम्रो छ।
람로 처.

문법 익히기 <1> : 명사 + **छ** (처) ~이/가 있다

छैन (처이너) ~이/가 없다

कलम छ 껄럼 처 (볼펜이 있다)   **कलम छैन** 껄럼 처이너 (볼펜이 없다)

कागज छ 까거즈 처 (종이가 있다)   **कागज छैन** 까거즈 처이너 (종이가 없다.)

괜찮아요.

ठिक छ।

틱 처.

얼굴이 좋아 보여요.

राम्रो देखिनु हुन्छ।

람로 데키누 훈처.

많이 바쁘셨어요?

धेरै व्यस्त हुनु भयो?

데레 베스떠 후누 버요?

네, 바빴어요.

हजुर, व्यस्त थिएँ।

허주르, 베스떠 티애.

아니오, 바쁘지 않았어요.

होइन, व्यस्त थिइनँ।

호이너, 베스떠 티이너.

안녕히 계세요.

राम्रोसंग बस्नुस्।

람로성거   버스누스.

안녕히 가세요.

राम्रोसंग जानुस्।

람로성거   자누스.

문법 익히기 <2> : 명사 + हो (호) ~이다

होइन (호이너) ~이/가 아니다

मिरा हो 미라 호 (미라입니다)   मिरा होइन 미라 호이너 (미라가 아닙니다)

छल्सु हो 철수 호 (철수입니다)   छल्सु होइन 철수 호이너 (철수가 아닙니다)

잘 있어.
राम्रोसंग बस।
람로성거　버서.

잘 가.
राम्रोसंग जाऊ।
람로성거　자우.

안녕히 주무세요.
शुभ रात्री।
수버　라뜨리.

안색을 살필 때

행복해 보여요.
खुसी देखिनु हुन्छ।
쿠시　데키누　훈처.

무슨 일 있으세요?
के काम छ?
께　깜　처?

기운이 없어 보여요.
कमजोर देखिनु हुन्छ।
껌졸　데키누　훈처.

문법 익히기 <3> : देखिनु (데키누) ~어/아/여 보이다

राम्रो देखिनु 람로 데키누 (멋있어 보이다)　**खुशी देखिनु** 쿠시 데키누 (행복해 보이다)

दुखी देखिनु 두키 데키누 (슬퍼 보이다)　**सुन्दर देखिनु** 순덜 데키누 (예뻐 보이다)

멋있어 보여요.

रामो देखिनु हुन्छ।

람로 데키누 훈처.

슬퍼 보여요.

दुखी देखिनु हुन्छ।

두키 데키누 훈처.

우울해 보여요.

उदास देखिनु हुन्छ।

우다스 데키누 훈처.

무슨 일이에요?

के काम होला ?

께 깜 홀라?

아니오, 아무 일도 없어요.

होइन, केही पनि छैन।

호이너, 께히 뻐니 처이너.

몸 상태가 좋지 않아요.

सञ्चो छैन।

선쪼 처이너.

02 초면 인사

처음 만났을 때의 인사

처음 뵙겠습니다.
पहिलोचोटि भेट् भयो होला ।
뻐힐로조띠 베트 버요 홀라.

만나서 반가워요.
भेटेर खुसी लाग्यो ।
베테러 쿠시 라교.

당신을 알게 되어 무척 기쁩니다.
तपाईलाई भेटेर खुसी लाग्यो ।
떠빠이라이 베테러 쿠시 라교.

당신에 대해 많이 들었어요.
तपाईको बारेमा धेरै सुनें ।
떠빠이꼬 바레마 데레 수넹.

당신과 친해지고 싶어요.
तपाईसंग साथी हुन मन लाग्यो ।
떠빠이성거 사티 후너 먼 라교.

문법 익히기 <4> : 동사 + एर (에러) ~어/아/여서

भेटेर खुसी लाग्यो । 베테러 쿠시 라교 (만나서 반갑습니다.)

पसलमा गएर फल किनें । 뻐설마 거에러 펄 끼넹 (가게에 가서 과일을 샀습니다.)

साथी भेटेर कुरा गरें । 뻐사티 베테러 꾸라 거렝. (친구를 만나서 이야기를 했어요.)

어디서 오셨어요?

कहाँबाट आउनु भयो?

까하바터　아우누　버요?

한국에서 왔어요.

कोरियाबाट आएँ।

코리아바터　아에.

여기에 어떤 일로 오셨어요?

यहाँ के काम भएर आउनु भयो?

야하　께　깜　버에러　아우누　버요?

여행하러 왔어요.

घुम्न आएँ।

굼너　아에.

출장 왔어요.

काम गर्न आएँ।

깜　거르너　아에

형을 만나러 왔어요.

दाइलाई भेटन आएको।

다이라이　베트너　아에꼬.

얼마 동안 여행할 거예요?

कतिदिन सम्म घुम्ने विचार छ?

꺼띠딘　썸머　굼네　비자르　처?

일주일 동안 여행할 거예요.

एकहप्ता सम्म घुम्ने विचार छ।

엑헙따　썸머　굼네　비자르　처.

어디를 방문했어요?

कहाँ घुम्नु भयो?

까하　굼누　버요?

포카라를 방문했어요.

पोखरामा गएँ।

포카라마   거에.

이름과 명함을 주고받을 때

성함이 어떻게 되세요?

तपाईंको शुभनाम के हो?

떠빠이꼬   수버남   께   호?

성함 좀 알려 주세요.

तपाईंको शुभनाम के होला।

떠빠이꼬   수버남   께   홀라.

제 이름은 마야입니다. 당신은요?

मेरो नाम माया हो। तपाईंलाई नि?

메로   남   마야   호.   떠빠이라이니?

제게 명함을 주실 수 있으세요?

मलाई तपाईंको नेम कार्ड दिन सक्नु हुन्छ?

멀라이   떠빠이꼬   네임   카드   디너   서크누   훈처?

여기 있습니다.

यहाँ छ।

여하   처.

죄송합니다. 지금은 명함 없네요.

माफ गर्नुस्। मसंग अहिले नेम कार्ड छैन।

마프   거르누스.   머성거   어힐레   네임   카드   처이너.

03 소개할 때의 인사

서로를 소개할 때

제 소개를 하겠습니다.
मेरो परिचय गर्छु।
메로   뻐리쩌여 거르추.

저는 김철수입니다.
म खिमछलसु हुँ।
머   김철수   후.

어디에서 일하세요?
के काम गर्नु हुन्छ?
께   깜   거르누 훈처?

저는 초등학교에서 일합니다.
म इस्कुलमा काम गर्छु।
머   이스쿨마   깜   거르추.

저는 회사에서 일합니다.
म अफिसमा काम गर्छु।
머   오피스마   깜   거르추.

나이가 어떻게 되세요?
तपाईंको उमेर कति भयो?
떠빠이꼬   우메르   꺼띠   버요?

서른이 되었습니다.
तीस बर्ष भयो।
띠스   버르사   버요.

네팔어 잘 하세요?

नेपाली भाषा राम्ररी बोल्नु हुन्छ?

네팔리　바사　람러리　볼누　훈처?

저는 네팔어를 잘 못합니다.

मलाई नेपाली भाषा राम्रोसंग आउदैन।

멀라이　네팔리　바사　람로성거　아운더이너.

저는 영어를 조금 합니다.

म अंग्रेजी अलीअलि बोल्छु।

머　엉그리지　얼리얼리　볼추.

어떤 일을 좋아하세요?

के काम गर्न मन पर्छ?

께　깜　거르너　먼　뻘처?

저는 여행을 좋아합니다.

मलाई घुम्न मन पर्छ।

멀라이　굼너　먼　뻘처.

어디에서 공부했어요?

कहाँ पढ्नु भयो?

까하　뻐르누　버요?

저는 미국에서 2년 동안 경영학을 공부했습니다.

मैले अमेरिकामा दुईबर्ष सम्म व्यवस्थापनशास्त्र पढें।

머일레　어메리카마　두이버르사　썸머　베버스타뻰사스트러　뻐레.

어디에 사세요?

कहाँ बस्नु हुन्छ?

까하　버스누훈처?

저는 한국에서 삽니다.

म कोरियाम बस्छु।

머　코리아마　버스추.

한국에 오신 적 있으세요?

कोरियामा आउनु भएको थियो?

코리아마　아우누　버에꼬　티요?

아니오, 없어요.

होइन, थिइनँ।

호이너,　티이너.

네, 한 번 간 적이 있어요.

हजुर, एक चोटि गएको थिएँ।

허주르,　엑쪼띠　거에꼬　티에.

다른 사람을 소개할 때

제 아내를 소개하겠습니다.

तपाईंलाई मेरो श्रीमती परिचय गर्छु।

떠빠이라이　메로　쓰리머띠　뻐리쩌여　거르추.

제 선생님을 소개하겠습니다.

मेरो शिक्षक परिचय गर्छु।

메로　시책　뻐리쩌여　거르추.

이쪽은 제 남편이고, 이름은 김철수입니다.

उहाँ मेरो श्रीमान हो, उहाँको नाम खिम छल्सु हो।

우하　메로　쓰리만　호,　우하꼬　남　김철수　호.

철수 씨, 이쪽은 람 교수님입니다.

छल्सु जी, उहाँ राम सर् हुनुहुन्छ।

철수　지,　우하　람　썰　후누훈처.

제가 제 친구 니르를 소개해 드려도 될까요?

म तपाईंलाई मेरो साथी निर परिचय गर्छु।

머 떠빠이라이 메로 사티 니르 뻐리쩌여 거르추.

이쪽은 람이고, 이쪽은 마야입니다.

उहाँ राम जी हो, उहाँ माया जी हो।

우하 람지 호, 우하 마야지 호.

람씨, 마야씨 알아요?

राम जी, माया जी चिन्नु हुन्छ?

람지, 마야지 찐누훈처?

마야씨 이름만 들어봤어요.

माया जीको नाम मात्र सुन्नेको थिएँ।

마야지꼬 남 맛뜨러 순네꼬 디에.

마야 씨는 람씨에 대해 들어 봤어요?

माया जी, राम जीको बारेमा सुन्नु भयो?

마야 지, 람 지꼬 바레마 순누 버요?

저는 들어본 적 없어요.

मैले सुन्नेको थिइनँ।

머일레 순네꼬 티이너.

마야 씨, 저는 람이랑 초등학교에서 같이 공부했어요.

माया जी, म रामसंग इस्कुलमा पढें।

마야 지, 머 람성거 이스쿨마 뻐레.

04 오랜만에 만났을 때 하는 인사

오랜만이에요.

भेट्न भएको धेरै भयो।

베트너 버에꼬 데레 버요.

잘 지내셨어요?

राम्ररी हुनुहुन्छ?

람러리 후누훈처?

못 만난 지 얼마나 됐죠?

नभेटेको पनि कति भयो ?

너 베테꼬 뻐니 꺼띠 버요?

못 만난 지 3년 됐어요.

नभेटेको तिन बर्ष भयो।

너 베테꼬 띤 버르사 버요.

이렇게 다시 만나게 될 줄 몰랐어요.

यसरी फेरि भेट्ने कुरा थाहा थिएन।

여서리 페리 베트네 꾸라 타하 티에너.

살이 좀 빠진 것 같아요.

अली दुब्लो देखिनु हुन्छ।

얼리 두블로 데키누 훈처.

얼굴이 더 좋아 보여요.

पहिले भन्दा राम्रो देखिनु हुन्छ।

뻐힐레 번다 람로 데키누 훈처.

얼굴이 그대로예요.

पहिले जस्तै देखिनु हुन्छ।

뻐힐레 저스떠이 데키누 훈처.

전보다 더 예뻐졌어요.

पहिले भन्दा अझै सुन्दर देखिनु हुन्छ।

뻐힐레 번다 어저히 순덜 데키누 훈처.

전보다 더 멋있어졌어요.

पहिले भन्दा अझै राम्रो देखिनु हुन्छ।

뻐힐레 번다 어저히 람로 데키누 훈처.

아직 같은 일 하세요?

अहिले पनि उहि काम गर्नु हुन्छ?

어힐레 뻐니 우히 깜 거르누훈처?

네, 그대로예요.

हजुर, उहि काम गर्छु।

허주르, 우히 깜 서르추.

아니오, 다른 직장으로 옮겼어요.

होइन, अर्को काम गर्छु।

호이너, 어루꼬 깜 거르추.

가족들은 다 잘 지내죠?

परिवार पनि सन्चै हुनुहुन्छ?

뻐리와르 뻐니 선쩌히 후누훈처?

네, 잘 지내요.

हजुर, सन्चै हुनुहुन्छ।

허주르, 선쩌히 후누훈처.

부모님은 건강하시죠?

आमाबुबा पनि सन्चै हुनुहुन्छ?

아마부바 뻐니 선쩌히 후누훈처?

네, 두 분 다 건강하세요.

हजुर, मेरो आमाबुबा सबै सन्चै हुनुहुन्छ।

허주르, 메로 아마부바 서버이 선쩌히 후누훈처.

05 헤어질 때의 인사

헤어질 때

안녕히 계세요.

रामरी बस्नुस् ।

람러리 버스누스.

안녕히 가세요.

रामरी जानुस् ।

람러리 자누스.

또 봐요.

फेरि भेटैँला ।

페리 베떠울라.

수요일에 봐요.

बुधबार भेटैँला ।

부다바르 베떠울라.

문법 익히기 〈5〉 : भन्दा (번다) ~보다

पहिले भन्दा सुन्दर देखिनु हुन्छ । 뻐힐레 번다 순덜 데키누 훈처
(예전보다 예뻐 보여요.)

हिजो भन्दा आज जाडो छ । 히조 번다 아저 자로 처.
(어제보다 오늘 더 추워요.)

म भन्दा मेरो भाइ अग्लो छ । 머 번다 메로 바이 어글로 처.
(저보다 제 남동생이 더 키가 커요.)

오늘 재미있었어요.

आज रमाईलो थियो।

아저　러마일로　티요.

조심해서 가세요.

राम्री जानुस्।

람러리　자누스.

피곤할텐데 푹 쉬세요.

थकाइ लागेको छ होला, आराम गर्नुस्।

터까이　라게꼬　처　홀라,　아람　거르누스.

다시 만날 것을 기대하며 헤어질 때

우리 또 만나요.

हामी फेरि भेटैंला।

하미　페리　베떠울라.

나중에 봐요.

पछि फेरि भेटैंला।

빠치　페리　베떠울라.

내일 봐요.

भोली भेटैंला।

볼리　베떠울라.

연락을 바랄 때

전화하세요.

फोन गर्नुस्।

폰　거르누스.

연락하는 것 잊지 마세요.

मलाई फोन गर्न नबिर्सिनुस्।

멀라이　폰　거르너 너 비르시누스.

집에 도착해서 전화 드릴게요.

घरमा पुगेर फोन गर्छु।

거르마 부게러　폰　거르추.

집에 도착하자마자 전화할게요.

घरमा पुग्ने वित्तिकै फोन गर्छु।

거르마 부그네 비띠꺼이　폰　거르추.

시간 있을 때 놀러 오세요.

समय छ भने घुम्न आउनुस्।

서머야 처 번네 굼너　아우누스.

가끔씩 연락하세요.

कहिलेकाईं फोन गर्नुस्।

꺼힐레까이　폰　거르누스.

가족들에게 안부 전해 주세요.

परिवारलाई मेरो खबर भनि दिनुस्।

뻐리와르라이　메로　커버르　버니　디누스.

전송할 때

좋은 여행 되세요.

शुभ यात्रा।

수버 야뜨라.

운전 조심하세요.

गाडी चलाउदा होस गर्नुस्।

가리   쩔라우다   호스   거르누스.

조심해서 가세요.

राम्ररी जानुस्।

람러리   자누스.

문법 익히기 〈6〉 : 동사 + ने वित्तिकै (네 비띠꺼이) ~자마자

म खाना खाने वित्तिकै दाँत माझ्छु। 머 카나 카네 비띠꺼이 닷 마즈추.

(나는 밥을 먹자마자 이를 닦는다.)

म घरमा पुग्ने वित्तिकै सुत्छु। 머 거르마 부그네 비띠꺼이 수뜨추.

(나는 집에 도착하자마자 잔다.)

안부를 전할 때

어머니께 안부 전해 주세요.

आमालाई मेरो खबर भनि दिनुस्।

아마라이　　메로　　커벌　　버니　　디누스.

삼촌께 안부 전해 주세요.

काकालाई मेरो खबर भनि दिनुस्।

까까라이　　메로　　커벌　　버니　　디누스.

저의 어머니께서 당신 어머니께 대신 안부 전해 달라고 하셨어요.

मेरो आमाले तपाईंको आमालाई खबर दिनुस् भनेर भन्नु भयो।

메로　　아말레　　떠빠이꼬　　아마라이　　커벌　　디누스　　버네러　　번누　　버요.

문법 익히기 〈6〉 : लाग्नु (라그누) 느끼다

थकाई लाग्नु 터까이 라그누 (피곤하다)

खुशी लाग्नु 쿠시 라그누 (행복하다)

दुख लाग्नु 두키 라그누 (슬프다)

अचम्म लाग्नु 어쩜머 라그누 (놀랍다)

 06 감사와 사과의 인사

감사의 마음을 전할 때

감사합니다.

धन्यबाद।

던야받.

대단히 감사합니다

धेरै धन्यबाद।

데레이   던야받.

별 일 아닌데요.

यो त्यती ठूलो काम होइन।

요   떼띠   툴로   깜   호이너.

도움에 감사 드립니다. 잊지 않을게요.

सहयोग गर्न भएकोमा धन्यबाद। अब म कहिले बिर्सिन्न।

서허욕 거르너 버에꼬마   던여받.   어버 머 꺼힐레 비르신너.

감사의 의미로 작은 선물을 하나 샀어요.

धेरै सहयोग लिएकोले सानो उपहार किनें।

데레 서허욕   리에꼴레   사노   우뻐하르 끼네.

마음에 들었으면 좋겠어요.

मन प्यो भने राम्रो हुने थियो।

먼   뻐료   버네 람로   후네 티요.

마음에 꼭 들어요.

मन प्यो।

먼   뻐료.

감사히 잘 쓸게요.

धन्यबाद। म राम्ररी प्रयोग गर्छु।

던여받. 머 람러리 프러요그 거르추.

사과할 때

죄송합니다.

माफ गर्नुस्।

마프 거르누스.

괜찮아요. 마음에 두지 마세요.

ठिक छ। न सोच्नुस्।

틱 처. 너 소쯔누스.

제 잘못이에요.

मेरो गल्ती हो।

메로 걸띠 호.

괜찮아요. 잊어 버리세요.

ठिक छ। बिर्सी दिनुस्।

틱 처. 비르시 디누스.

뭐라고 사과의 말씀을 드려야 할 지 모르겠어요.

माफ माग्नलाई के भन्ने मलाई थाहा छैन।

마프 마그너너라이 께 번네 멀라이 타하 처이너.

당신의 동생에게 사과하고 싶습니다.

तपाईंको भाइसंग माफ माग्न मन छ।

떠빠이꼬 바이성거 마프 마그너 먼 처.

고의가 아니었어요.

मैले आफै गरेको होइन।

머일레 아퍼이 거레꼬 호이너.

한 번만 용서해 주세요. 부탁이에요.

एकचोटि मलाई माफ गर्नुस्, कृपया।

엑조띠 멀라이 마프 거르누스. 끄리뻐야.

이번만 용서해 드릴게요.

यसपटक मात्रै माफ गर्छु।

여스뻐떡 마뜨러이 마프 거르추.

다시는 그러지 않겠다고 맹세할게요.

म अब गर्दिन भनेर कबुल गर्छु।

머 어버 거르디너 버네러 꺼불 기르추.

이번이 마지막이에요.

यो मेरो अन्तिम हो।

요 메로 언띰 호.

문법 익히기 ⟨8⟩ : 동사 + **नुस्** (누스) ~하세요.

खानुस् 카누스 (드세요)	**जानुस्** 자누스 (가세요)
सुन्नुस् 순누스 (들으세요)	**आउनुस्** 아우누스 (오세요)
गर्नुस् 거르누스 (하세요)	**बिर्सिनुस्** 비르시누스 (잊으세요)
भन्नुस् 번누스 (말씀하세요)	**हास्नुस्** 하스누스 (웃으세요)

 **07** # 축하와 환영의 인사

축하할 때

축하합니다.

बधाइ छ ।

버다이　처.

오늘 축하할 일이 있어요.

आज बधाइ दिनु पर्ने काम छ ।

아저　버다이　디누　뻐르네　깜　처.

생일을 진심으로 축하합니다.

जन्मदिनको हार्दिक शुभकामना ।

전머딘꼬　하르딕　수버까머나.

승진을 진심으로 축하합니다.

बढुवाको शुभकामना ।

버두아꼬　수버까머나.

새해를 축하드립니다.

नयाँ बर्षको शुभकामना ।

너야　버르사꼬　수버까머나.

결혼을 축하해요.

बिबाहको शुभकामना ।

비바흐꼬　수버까머나.

새 집 장만을 축하해요.

नयाँ घर किन्नेकोमा शुभकामना ।

너야　거르　낀네꼬마　수버까머나.

당신에게 행운이 있길…

तपाईं भाग्यमानी हुनुहोस्!

떠빠이　　바게마니　　후누호스 !

환영할 때

환영합니다.

स्वागत छ।

스와것　　처.

한국에 오신 걸 환영합니다.

कोरियामा आउनु भएकोमा स्वागत छ।

코리아마　　아우누　　버에꼬마　　스와것　　처.

큰 박수로 환영합니다.

ठूलो ताली बजाएर स्वागत छ।

툴로　　딸리　　버자에러　　스와것　　처.

문법 익히기 <9> : 명사 + को शुभकामना (꼬 수버까머나) ~을/를 축하하다.

जन्मदिनको शुभकामना। 전머딘꼬 수버까머나 (생일을 축하하다)

बिबाहको शुभकामना। 비바흐꼬 수버까머나 (결혼을 축하하다)

बढ्वाको शुभकामना। 버두와꼬 수버까머나 (승진을 축하하다)

Tema

화술 표현

응용 대화 (2) 여행 온 사람과 얘기할 때

라म : कहिले आउनु भयो ?	
람 : 꺼힐레 아우누 버요?	람 : 언제 오셨어요?
निर : गएको हप्तामा आएँ ।	
니르 : 거에꼬 헙따마 아에.	니르 : 지난 주에 왔어요.
राम : कहाँबाट आउनु भयो ?	
람 : 까하바터 아우누 버요?	람 : 어디서 왔어요?
निर : कोरियाबाट आएँ ।	
니르 : 꼬리아바터 아에.	니르 : 한국에서 왔어요.
राम : को संग आउनु भयो ?	
람 : 꼬 성거 아우누 버요?	람 : 누구랑 왔어요?
निर : साथीसंग आएँ ।	
니르 : 사티성거 아에.	니르 : 친구랑 왔어요.
राम : के काम गर्नु हुन्छ ?	
람 : 께 깜 거르누 훈처?	람 : 무슨 일 하세요?
निर : बैंकमा काम गर्छु ।	
니르 : 뱅크마 깜 거르추.	니르 : 은행에서 일해요.
राम : नेपालमा किन आउनु भयो ?	
람 : 네팔마 끼너 아우누 버요?	람 : 네팔에는 왜 오셨어요?
निर : घुम्नलाई आएँ ।	
니르 : 굼너라이 아에.	니르 : 여행 왔어요.
राम : कोरियाबाट नेपालसम्म कति समय लाग्छ ?	
람 : 꼬리아바터 네팔썸머 꺼띠 서머야 락처?	람 : 한국에서 네팔까지 얼마나 걸려요?
निर : छ घण्टा लाग्छ ।	
니르 : 처 건따 락처.	니르 : 6시간 걸려요.

말문을 틀 때

실례합니다.
माफ गर्नुस् ।
마프　거르누스.

날씨가 좋죠.
मौसम राम्रो छ ।
모우섬　람로　처.

비가 올 것 같아요.
पानी पर्छ होला ।
빠니　뻘처　홀라.

몇 시예요?
कति बज्यो ?
꺼띠　버지오?

(담배) 불 있으세요?
चुरोटमा आगो छ ?
쭈롯마　아고　처?

도와 드릴까요?
के सहयोग गरौं ?
께　서허욕　거러우?

뭐 필요한 거 있으세요?
केही चाहिन्छ ?
께히　짜힌처?

잠깐 시간 있으세요?

एकछिन समय दिन सक्नु हुन्छ?

엑친 서머야 디너 석크누 훈처?

잠깐만 얘기 좀 할 수 있을까요?

एकछिन कुरा गर्न सक्नु हुन्छ?

엑친 꾸라 거르너 서크누 훈처?

오늘이 무슨 요일이죠?

आज कुन बार हो?

아저 꾼 바르 호?

오늘 날짜가 어떻게 돼죠?

आज कुन तालिक हो?

아저 꾼 딸릭 호?

우리 전에 서로 본 적 있지 않나요?

हामी पहिले भेटेको छ होला?

하미 뻐힐레 베테고 처 홀라?

혹시 저 아세요?

मलाई चिन्नु हुन्छ?

멀라이 찐누 훈처?

문법 익히기 <10> : होला (홀라) ~할 것이다

पानी पर्छ होला । 빠니 뻘처 홀라. (비가 올 것이다.)

खाना खान्छु होला । 카나 칸추 홀라. (밥을 먹을 것이다.)

अब आउनु हुन्छ होला । 어버 아우누훈처 홀라. (이제 오실 것이다.)

 질문과 설명

질문을 주고 받을 때

질문 있으세요?

प्रश्न छ?

프러스너 처?

하나만 여쭤봐도 될까요?

एउटा प्रश्न सोध्न सक्छु?

요우따 프러스너 소드너 석추?

네, 그렇게 하세요.

हजुर, सोध्नुस् न।

허주르, 소드누스 너.

다른 질문 없으세요?

अरु प्रश्न छैन?

어루 프러스너 처이너?

질문 있으면 손 들고 말씀하세요.

प्रश्न छ भने हात उठाएर भन्नुस् न।

프러스너 처 버네 핫 우타에러 번누스 너.

좋은 질문입니다.

राम्रो प्रश्न हो।

람로 프러스너 호.

설명할 때

가능하면 빨리 답변해 드릴게요.

सकेसम्म चाडो उत्तर दिने छु।

서케썸머 짜로 욷떠르 디네 추.

더 자세히 말씀해 주시겠어요?

अझै भनि दिन सक्नु हुन्छ?

어저히 버니 디너 서크누 훈처?

죄송합니다. 그 이상은 말씀드릴 수 없습니다.

माफ गर्नुस्। यो भन्दा अझै भन्न सकिन।

마프 거르누스. 요 번다 어저히 번너 서키너.

다시 한 번 설명해 주시겠어요?

फेरि भनि दिन सक्नु हुन्छ?

페리 버니 디너 서크누 훈처?

잘 들으세요.

ध्यान राखेर सुन्नु होला।

대안 라케러 순누 훌라.

한 번 더 설명하겠습니다.

म फेरि भन्छु।

머 페리 번추.

문법 익히기 <11> : 동사, 형용사 + भने (버네) 만약 ~다면

प्रश्न छ भने 프러스너 처 버네 (만약 질문이 있다면)

बिरामी भयो भने। 비라미 버요 버네 (만약 아프다면)

समय छ भने। 서머야 처 버네 (만약 시간이 있다면)

03 의문

언제

언제 오셨어요?
कहिले आउनु भयो?
꺼힐레 아우누 버요?

지난 주에 왔어요.
गएको हप्तामा आएँ।
거에꼬 헙따마 아에.

언제가 좋으세요?
कहिले हो भने राम्रो छ होला?
꺼힐레 호 버네 람로 처 홀라?

내일 어떠세요?
भोली कस्तो छ?
볼리 꺼스또 처?

언제 만날까요?
कहिले भट्यो भने राम्रो हुन्छ होला?
꺼힐레 베뜨요 버네 람로 훈처 홀라?

아무 때나 괜찮아요.
जहिले पनि ठिक छ।
저힐레 뻐니 틱 처.

생일이 언제예요?
तपाईंको जन्मदिन कहिले हो?
떠빠이꼬 전머딘 꺼힐레 호?

어디

어디에서 오셨어요?

कहाँबाट आउनु भयो?

까하바터　아우누　버요?

한국에서 왔어요.

कोरियाबाट आएँ।

코리아바터　아에.

어디로 가세요?

कहाँ जानु हुन्छ?

까하　자누　훈처?

인도로 가요.

भारतमा जाने छु।

바럿마　자네　추.

어디에 사세요?

कहाँ बस्नु हुन्छ?

까하　버스누　훈처?

카트만두에 살아요.

काठ्माण्डुमा बस्छु।

카트만두마　버스추.

어디까지 가세요?

कहाँसम्म जानु हुन्छ?

까하썸머　자누　훈처?

파탄까지 가요.

पाटनसम्म जान्छु।

파탄썸머　잔추.

누구

누구세요?

को हुनुहुन्छ?

꼬 후누훈처?

저는 람이라고 합니다.

म राम हुँ

머 람 후.

저 분은 누구세요?

उहाँ को हुनुहुन्छ?

우하 꼬 후누훈처?

저 분은 제 선생님이세요.

उहाँ मेरो शिक्षक हुनुहुन्छ।

우하 메로 시첵 후누훈처.

누구와 함께 오셨어요?

को संग आउनु भयो?

꼬 성거 아우누 버요?

친구와 함께 왔어요.

साथीसंग आएँ।

사티성거 아에.

무엇

이 게 뭐예요?

यो के हो?

요 께 호?

선물이에요.

यो उपहार हो।

요 우뻐하르 호.

저 건물은 뭐예요?

त्यो भवन के हो?

띠요 버원 께 호?

학교예요.

इस्कुल हो।

이스쿨 호.

무슨 일을 하세요?

के काम गर्नु हुन्छ?

께 깜 거르누 훈처?

은행에서 일해요.

बैंकमा काम गर्छु।

뱅크마 깜 거르추.

음식 만드는데 무엇이 필요해요?

खाना बनाउनलाई के चाहिन्छ?

카나 버나우너라이 께 짜힌처?

콩, 감자, 소금이 필요해요.

सिमी, आलु र नुन चाहिन्छ।

시미, 알루, 러 눈 짜힌처.

무엇을 타고 가세요?

केमा जानु हुन्छ?

께마 자누 훈처?

버스 타고 가요.

बसमा जान्छु।

버스마 잔추.

왜

한국에 왜 오셨어요?
कोरियामा किन आउनु भयो?
코리아마　끼너　아우누　버요?

일을 하러 왔어요.
काम गर्नलाई आएँ।
깜　거르너라이　아에.

왜 그러세요?
किन?
끼너?

다리가 아파서 그래요.
खुट्टा दुखेकोले।
쿳다　두케꼴레.

왜 웃으세요?
किन हाँस्नु हुन्छ?
끼너　하스누　훈처?

기분이 좋아서요.
खुसी भएकोले।
쿠시　버에꼴레.

어떻게

어떻게 오셨어요?
कसरी आउनु भयो?
꺼서리　아우누　버요?

사장님을 만나러 왔어요.

हाकिम भेट्नलाई आएँ।

하킴　　베트너라이　　아에.

어떤 일을 하고 싶으세요?

कस्तो काम गर्न मन पर्छ?

꺼스또　　깜　거르너　먼　뻘처?

컴퓨터 쪽 일을 하고 싶어요.

कम्प्युटरको काम गर्न मन पर्छ।

컴퓨터꼬　　깜　거르너　먼　뻘처.

오이 1kg에 얼마예요?

काँक्रो एककिलोको कसरी?

까끄로　　엑낄로꼬　　꺼서리?

킬로에 10루피예요.

किलोको दस रुपियाँ हो।

킬로꼬　더스　루피야　호.

얼마나

포커라에서 카트만두까지 얼마나 걸려요?

फोखराबाट काठमाण्डौसम्म कति समय लाग्छ?

포커라바터　　카트만두썸머　　꺼띠 서머야 락처?

버스로 5시간쯤 걸려요.

बसमा पाँचघण्टा लाग्छ।

버스마　　빠쯔건따　　락처.

에베레스트는 얼마나 높아요?

एभरेस्ट कति अग्लो छ?

에베레스트　꺼띠　어글로　처?

8848m 입니다.

आठआठचारआठ मिटर अग्लो छ।

8848미터르　　　　어글로　처.

세계에서 제일 높아요.

संसारमा सबै भन्दा अग्लो छ।

선사르마　서버이　번다　어글로　처.

버스 정류장은 여기서 얼마나 멀어요?

बस बिसौनी यहाँबाट कति टाढा छ?

버스　비소우니　야하바터　끼띠　따라　처?

그렇게 멀지 않아요. 걸어서 10분 정도 걸려요.

त्यती टाढा छैन। हिंडेर दस मिनेट लाग्छ।

떼띠　따라　처이너. 히데러　더스　미니트　락처.

입장료는 얼마예요?

प्रवेश टिकटको मूल्य कति हो?

프러베스　띠켓꼬　물랴　꺼띠　호?

1인당 500 루피예요.

एकजनाको लागी पाँचसय रुपियाँ हो।

엑저나꼴라기　　　빠즈서여　루피야　호.

몇 시예요?

कति बज्यो?

꺼띠　버지오?

오후 3시예요.

दिउँसो तिन बज्यो।

디우소　　띤　버지오.

어느

어떤 음식을 좋아하세요?

कुन खाने कुरा मन पर्छ?

꾼 카네 꾸라 먼 뻘처?

난과 커리를 좋아해요.

नान र करी मन पर्छ।

난 러 커리 먼 뻘처.

저녁에 어떤 영화를 보고 싶어요?

बेलुका कुन चलचित्र हेर्न मन पर्छ?

벨루까 꾼 쩔찌뜨러 헤르너 먼 뻘처?

인도 영화를 보고 싶어요.

इन्डियन चलचित्र हेर्न मन पर्छ।

인디언 쩔찌뜨러 헤르너 먼 뻘처.

어떤 스타일을 좋아하세요?

कुन शैली मन पर्छ?

꾼 서일리 먼 뻘처?

깔끔한 스타일을 좋아해요.

सुकिलो शैली मन पर्छ।

수낄로 서일리 먼 뻘처.

문법 익히기 <12> : 명사 + मन पर्नु (먼 뻐르누) ~을/를 좋아하다

नान मन पर्नु 난 먼 뻐르누 (난을 좋아하다)

चलचित्र मन पर्नु 쩔찌드러 먼 뻐르누 (영화를 좋아하다)

स्याऊ मन पर्नु 시야우 먼 뻐르누 (사과를 좋아하다)

04 맞장구

부정

말도 안 돼요.

त्यस्तो कुरा मिल्दैन।

떼스또 꾸라 밀더이너.

저는 당신이 의견에 반대예요.

म तपाईंको कुरा मिल्दिन।

머 떠빠이꼬 꾸라 밀디너.

저는 동의할 수 없어요.

म तपाईंको कुरा मान्न सक्दिन।

머 떠빠이꼬 꾸라 만너 석디너.

이해할 수 없어요.

बुझिन।

부지너.

저는 그렇게 생각하지 않아요.

तपाईं र मेरो विचार फरक छ।

떠빠이 러 메로 비자르 퍼럭 처.

그게 무슨 의미죠?

त्यो कुराको अर्थ के हो?

띠요 꾸라꼬 얼타 께 호?

긍정

저는 당신의 의견에 찬성이에요.

म तपाईंको कुरा मान्छु।

머 떠빠이꼬 꾸라 만추.

맞아요.

ठिक छ।

틱 처.

당연하죠.

उचित छ।

우찔 처.

동의합니다.

मन्जुर गर्छु।

먼줄 거르추.

이해해요.

बुझें।

부제.

저도 그렇게 생각해요.

म पनि त्यसरी सोच्छु।

머 뻐니 떼서리 쏟추.

보류

아마도요.

सम्भव ।

썸버브.

아직 잘 모르겠어요.

अहिलेसम्म थाहा छैन ।

어힐레썸머   타하   처이너.

조금만 더 생각해 볼게요.

अझै सोच्छु ।

어저히   쏟추.

05 되물음

되물을 때

뭐라고요?

के भन्नु भयो?

께 번누 버요?

무슨 의미세요?

अर्थ के हो?

얼터 께 호?

다시 한번 말해 달라고 할 때

다시 한 번만 말씀해 주세요.

एकचोटी फेरि भनि दिनुस् न।

엑조띠 페리 버니 디누스 너.

더 천천히 말씀해 주세요.

अलि बिस्तारै भन्नुस्।

얼리 비스따리 번누스.

여기에 써 주세요.

यहाँ लेखि दिनुस् न।

야하 레키 디누스 너.

이해가 안 돼요.

बुझिन।

부지너.

Tema

의견 표현

응용 대화 (3) 트레킹 가이드와의 대화

राम : पिउने पानी एक कप दिनु हुन्छ?	
람 : 삐우네 빠니 엑 컵 디누 훈처?	람 : 음료수 한 잔 드릴까요?
निर : हजुर, एक कप दिनुस्।	
니르 : 허주르, 엑 컵 디누스.	니르 : 네, 한 잔만 주세요.
राम : ट्रेकिङ जानु हुन्छ?	
람 : 트래킹 자누 훈처?	람 : 트래킹을 가시겠습니까?
निर : हजुर, जाने छु।	
니르 : 허주르, 자네 추.	니르 : 네, 갈 거예요.
राम : कहाँ जान मन छ?	
람 : 까하 자너 먼 처?	람 : 어디로 갈 거예요?
निर : एभरेस्टमा जान्छु।	
니르 : 에베레스트마 잔추.	니르 : 에베레스트요.
बाटो देखाई दिन सक्नु हुन्छ?	
바토 데카이 디너 서크누 훈처?	안내 좀 해 주시겠어요?
राम : हजुर।	
람 : 허줄	람 : 물론이죠.
निर : माथिसम्म कति दिन लाग्छ होला?	
니르 : 마티썸머 꺼띠 딘 락처 홀라?	니르 : 정상까지 며칠이나 걸려요?
राम : दुईहप्ताजति लाग्छ।	
람 : 두이헙따 저띠 락처.	람 : 약 2주 정도 걸려요.

 01 의견과 견해

자신의 의견과 견해를 말하고자 할 때

제 생각에는…
मेरो विचारमा
메로　비자르마…

제 관점에는…
मेरो मन्तव्यमा
메로　먼떠베마…

사실상…
वास्तवमा
와스떠브마…

내가 말하고자 하는 것이 무엇이냐면…
मेरो कुरा के हो भने …
메로　꾸라　께　호　버네…

의견과 견해를 물을 때

어떻게 생각하세요?
तपाईंको विचार के हो?
떠빠이꼬　비자르　께　호?

같은 생각이세요?

म जस्तै विचार गर्नु हुन्छ?

머 저스따이 비자르 거르누 훈처?

다른 의견이 있나요?

अर्को विचार छ?

어르꼬 비자르 처?

제 입장이라면 어떻게 하시겠어요?

तपाईंले मेरो अवस्थामा भए के गर्नु हुन्छ होला।

떠빠일레 메로 어버스타마 버에 께 거르누 훈처 홀라?

이 문제에 대해 해 줄 말이 더 있으세요?

यो समस्याको बारेमा के कुरा बाँकी छ?

요 서머시야꼬 바레마 께 꾸라 바끼 처?

의견에 대해 긍정할 때

저도 같은 생각이에요.

म पनि त्यसरी सोच्छु।

머 뻐니 떼서리 손추.

네, 이해합니다.

हजुर, बुभ्कें।

허주르, 부제.

의견에 대해 부정할 때

저는 반대예요.

तपाईं र मेरो बिचार फरक छ।

떠빠이 러 메로 비자르 퍼럭 처.

저는 이해할 수 없어요.

बुझिन।

부지너.

그 생각은 불가능해요.

तपाईंको सोचाइ असम्भव छ।

떠빠이꼬 소짜이 어섬버브 처.

02 주의와 타이름

입에 음식물을 넣고 말하지 마세요.

खाना खाने बेलामा न बोल्नुस् ।

카나 카네 벨라마 너 볼누스.

입에 음식물을 넣고 말하지 마.

खाना खाने बेलामा न बोल् ।

카나 카네 벨라마 너 볼너.

학교에 늦지 마세요.

इस्कुलमा ढिलो नजानुस् ।

이스쿨마 딜로 너자누스.

학교에 늦지 마.

इस्कुलमा ढिलो नजाउ ।

이스쿨마 딜로 너자우.

탑은 오른쪽으로 도세요.

टावरलाई दायाँतिर घुमाउनुस् ।

타워라이 다야띠러 구마우누스.

문법 익히기 〈13〉 : 동사 + **ने बेला** (네 벨라) ~을/를 때

खाना खाने बेलामा न बोल्नुस् । 카나 카네 벨라마 너 볼누스.
(식사할 때 얘기하지 마세요.)

बस चढ्ने बेलामा होस गर्नुस् । 버스 쩌르네 벨라마 호스 거르누스.
(버스를 탈 때는 조심하세요.)

탑은 오른쪽으로 돌아라.

टावरमा दायाँतिर घुमाउ।

타워마　　다야띠러　구마우.

소고기를 먹지 마세요.

गाईको मासु न खानुस्।

가이꼬　　마수　너　카누스.

소고기를 먹지 마라.

गाईको मासु न खाउ।

가이꼬　　마수　너　카우.

길에서 담배를 피지 마세요.

बाटोमा चुरो न खानुस्।

바토마　　쭈롯　너　카누스.

길에서 담배피지 마.

बाटोमा चुरो न खाउ।

바토마　　쭈롯　너　카우.

다른 사람에게 화를 내지 마세요.

अरु मान्छेलाई न रिसाउनुस्।

어루　　만체라이　너　리사우누스.

친구에게 화를 내지 마.

साथिसंग न रिसाउ।

사티성거　너　리사우.

03 충고와 의무

충고할 때

내가 당신이었다면 그것을 다른 방식을 했을 것입니다.

मैले तपाईंको अवस्थामा थियो भने अर्को तरिकामा काम गर्ने थिएँ।

머일레 떠빠이꼬　어버스타마　티요　버네 어르꼬 떠리까마　깜 거르네 티에.

내가 너였다면 그것을 하지 않았을 거야.

मैले तपाईंको अवस्थामा थियो भने त्यसरी गरेन होला।

머일레 떠빠이꼬　어버스타마　티요　버네　떼서리 거레너　홀라.

그렇게 하지 말라고 내가 몇 번을 말했니?

त्यसरी न गरैं भनेर म धेरैचोटी भनेको थिएँ।

떼서리　너 거러우 버네러 머　데레쪼띠　번네꼬　티에.

어린이처럼 행동하지 마.

बच्चा जस्तो आनीबानी न गर्।

버짜　저스또　아니바니　너 거러.

넌 인생을 낭비하고 있어.

तिम्रो जिबन बिगार्दै छ।

띰로　지분　비르가더이 처.

의무, 당연을 나타낼 때

늦지 않으려면 서둘러야만 한다.

न ढिलो जानलाई ताकिता गर्नु पर्छ ।

너 딜로　자너라이　따끼따　거르누 뻘처.

운전은 천천히 해야만 한다.

गाडी बिस्तारै चलाउनु पर्छ ।

가리　비스따러이　쩔라우누　뻘처.

한국에서 남자들은 스무살이 되면 군대에 가야 합니다.

कोरियामा केटाहरुले बिसबर्ष भयो भने सेनामा जानु पर्छ ।

코리아마　께따허룰레　비스버르사　버요　버네　세나마　자누　뻘처.

도서관에서는 조용히 해야만 합니다.

पुस्तकालयमा चुप लगाउनु पर्छ ।

뿌스떠깔러여마　쭙　러가우누　뻘처.

비행기에서는 금연이다.

हवाइजहाजमा चुरोट न खानु पर्छ ।

허와이저하저마　쭈롯　너　카누　뻘처.

비밀을 지킬 것을 강조할 때

이것은 비밀입니다.

यो गोप्य कुरा हो।

요 고삐어 꾸라 호.

다른 사람에게 말하지 마세요.

अरु मान्छेलाई न भन्नुस्।

어루 만체라이 너 번누스.

아무에게도 말하지 않을게요.

कोहिलाई पनि न भन्नुस्।

꼬히라이뻐니 너 번누스.

문법 익히기 〈14〉 : 동사 + नु पर्छ (누 뻘처) ~을/를 해야 한다

काम गर्नु पर्छ 깜 거르누 뻘처 (일을 해야 한다)

औषधी खानु पर्छ 어우샤디 카누 뻘처 (약을 먹어야 한다)

इस्कुलमा जानु पर्छ 이스쿨마 자누 뻘처 (학교에 가야 한다)

 ## 04 제안과 권유

음료수 한 잔 드릴까요?

पिउने पानी एक कप दिनु हुन्छ?

삐우네 빠니 엑 컵 디누 훈처?

네, 한 잔만 주세요.

हजुर, एक कप दिनुस्।

허주르, 엑 컵 디누스.

괜찮습니나.

पर्दैन।

뻐르더이너.

지금은 배가 불러서요.

अहिले पेट अघायो।

어힐레 뺏 어가요.

트래킹을 가시겠습니까?

ट्रेकिङ जानु हुन्छ?

트래킹 자누 훈처?

네, 갈 거예요.

हजुर, जाने छु।

허주르, 자네 추.

포커라는 호수로 유명합니다. 가 보시겠습니까?

पोखरामा ताल प्रसिद्ध छ। जान मन लाग्छ?

포커라마 딸 프러싣 처. 자너 먼 락처?

네, 가 보고 싶어요. 안내 좀 해 주시겠어요?

हजुर, जान मन लाग्छ। बाटो देखाई दिन सक्नु हुन्छ?

허주르, 자너 먼 락처. 바토 데카이 디너 서크누 훈처?

05 부탁과 도움

좀 도와 주세요.

सहयोग गरि दिनुस्।

서허욕　거리　디누스.

큰 소리로 말씀해 주세요.

ठूलो आवाजमा भनि दिनुस्।

툴로　아와즈마　버니　디누스.

소금을 좀 전해주시겠어요?

नुन पास गरि दिनुस्।

눈　빠스　거리　디누스.

물론이죠.

पक्का।

뻑까.

포크 하나만 가져다 주시겠어요?

काँटा एउटा दिनुस्।

까타　요우타　디누스.

네, 그렇게 하죠.

हो, म दिन्छु।

호,　머　딘추.

미안한데, 문 좀 닫아 줄래요.

माफ गर्नुस्, ढोका बन्द गरि दिनुस्।

마프　거르누스,　도까　번더　거리　디누스.

제가 길을 잃은 것 같습니다. 도와주실 수 있나요?

मैले बाटो बिर्सिए जस्तो लाग्यो। सकयोग गरि दिन सक्नु हुन्छ?

머일레 바토 비르시에 저스토 라교. 서허욕 거리 디너 서크누 훈처?

죄송합니다. 저도 길을 잘 몰라서요.

माफ गर्नुस्, मलाई पनि बाटो थाहा छैन।

마프 거르누스. 멀라이 뻬니 바토 타하 처이너.

죄송한데, 가방을 선반 위에 올리는 것을 도와주실 수 있나요?

माफ गर्नुस्। दराजको माथ झोला राखि दिन सक्नु हुन्छ?

마프 거르누스. 더라즈꼬 마티 졸라 라키 디너 서크누 훈처?

TV 볼륨 좀 낮춰 주세요.

टेलिभिजनको आवाज, अलि सानो बनाइ दिनुस्।

텔레비전꼬 아와즈 얼리 사노 버나이 디누스.

문법 익히기 〈15〉 : 동사 + इ दिनु (이 디누) ~어/아/여 주다

सहयोग गरी दिनु 서허욕 거리 디누 (도와주다)

ढोका बन्द गरी दिनु 도까 번더 거리 디누 (문을 닫아 주다)

बनाइ दिनु 버나이 디누 (만들어 주다)

06 지시와 명령

조용히 하세요.

चुप लगाउनुस् ।

쭙 러가우누스.

조용히 해라.

चुप लगाउ ।

쭙 러가우.

왼쪽으로 도세요.

बाँयातिर घुमाउनुस् ।

바야띠러 구마우누스.

왼쪽으로 돌아라.

बाँयातिर घुमाउ ।

바야띠러 구마우.

곧장 가세요.

सिधा जानुस् ।

시다 자누스.

곧장 가라.

सिधा जा ।

시다 자.

면허증 보여 주세요.

अनुमतिपत्र देखाइ दिनुस् ।

어누머띠퍼뜨러 데카이 디누스.

잠깐 내리세요.

एकछिन ओर्लिनुस् ।

엑친 오를리누스.

잠깐 내려라.
एकछिन ओर्लिउ।
엑친　오를리우.

잘 들으세요.
होस गरि सुन्नुस्।
호스　거리　순누스.

잘 들어라.
होस गरि सुन्नु।
호스　거리　순누.

식사 하세요.
भात खानुस्।
밭　카누스.

밥 먹어라.
भात खाऊ।
밭　카우.

늦게 오지 마세요.
न ढिली आउनुस्।
너　딜리　아우누스.

늦게 오지 마라.
न ढिली आउ।
너　딜리　아우.

움직이지 마세요.
न सर्नुस्।
너　서르누스.

움직이지 마라.
न सर्।
너　서르.

07 추측과 확신

확신을 물을 때

확실해요?
पक्का हो?
뻑까 호?

맞아요?
हो?
호?

그것을 정확히 봤어요?
त्यो चाहिँ पक्का हेर्नु भयो?
띠요 짜히 뻑까 헤르누 버요?

그것을 정확히 들었어요?
त्यो चाहिँ पक्का सुन्नु भयो?
띠요 짜히 뻑가 순누 버요?

확신할 때

네, 확실합니다.
हजुर, पक्का हो।
허주르, 뻑까 호.

분명히 맞습니다.

अवश्य हो।

어버세　　호.

제가 직접 정확히 봤어요.

म आफै पक्का हेरें।

머 아퍼이　　뻑까　　헤레.

진짜로요.

साँच्चै।

살쩌이.

확신하지 못 할 때

아니오, 확실히 아닙니다.

होइन, पक्का होइन।

호이너,　　뻑까　　호이너.

아마도 아닐 것입니다.

सम्भव होइन होला।

썸버브　　호이너　　홀라.

믿을 수 없습니다.

विश्वास गर्न सकिन।

비쇼와스　　거르너　　서키너.

여기에는 많은 의문이 있어요.

यसमा धेरै समस्या छन्।

여스마　　데레　　서머시야　　천.

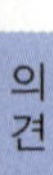

08 허가와 양해

제게 허락해 주시겠어요?

मलाई अनुमति गरि दिन सक्नु हुन्छ?

멀라이   어누머띠 거리 디너 석크누 훈처?

잠시만 기다려주세요.

एकछिन पर्खनुस्।

엑친   빠르커누스.

부탁을 하나 들어 주시겠어요?

मेरो कुरा एउटा सुनि दिन सक्नु हुन्छ?

메로 꾸라   요우따 수니 디너 서크누 훈처?

생각을 좀 해 보고요.

म एकछिन विचार गर्छु।

머   엑친   비자르   거르추.

담배를 피울 수 있을까요?

चुरोट खान सक्छु?

쭈롯   카너   석추?

여기서는 담배를 피울 수 없습니다.

यहाँ चुराट खान सकिदैन।

야하   쭈롯   카너   서끼더이너.

제가 들어가도 괜찮을까요?

भित्र जान सक्छु?

비뜨러 자너   석추?

네, 들어 오세요.

हजुर, भित्रि आउनुस्।

허주르, 비뜨러 아우누스.

아니오, 외국인은 들어올 수 없습니다.

होइन, विदेशीले भित्र आउन मिल्दैन।

호이너, 비데시레 비뜨러 아우너 밀더이너.

화장실을 사용해도 되겠습니까?

शौचालय प्रयोग गर्न सक्छु?

소우쩔라야 프러요그 거르너 석추?

전화를 사용할 수 있을까요?

फोन प्रयोग गर्न सक्छु?

폰 프러요그 거르너 석추?

네, 1분에 7루피입니다.

हजुर, एक मिनेटमा सात रुपियाँ हो।

허주르, 엑 미니트마 사트 루피야 호.

여기서 인터넷을 좀 사용할 수 있을까요?

यहाँ इन्टनेत चलाउन सकिन्छ?

야하 인터넷 쩔라우너 서낀처?

네, 1시간에 30루피입니다.

हजुर, एक घण्टाको तिस रुपियाँ हो।

허주르, 엑 건따꼬 띠스루피야 호.

문법 익히기 〈16〉 : 동사 + **न सक्नु** (너 서크누) ~을/를 수 있다

चुरोट खान सक्नु 쭈롯 카너 서크누 (담배를 필 수 있다)

भित्र जान सक्नु 비뜨러 자너 서크누 (안에 들어갈 수 있다)

प्रयोग गर्न सक्नु 프러요그 거르너 서크누 (이용할 수 있다)

 # 희망과 의지

내일 비가 왔으면 좋겠다.

भोली पानी पर्‍यो भने राम्रो हुन्छ।

볼리 빠니 뻐료 버네 람로 훈처.

난 유명한 가수가 되고 싶다.

मलाई प्रसिद्ध गायककार हुन मन छ।

멀라이 프러싣떠 가엑까르 후너 먼 처.

돈을 많이 벌고 싶다.

पैसा धेरै कामउन मन लाग्छ।

뻐이샤 데레 꺼마우너 먼 락처.

에베레스트를 정복하고 싶다.

एभरेस्ट चढ्न मन छ।

에베레스트 쩌르너 먼 처.

맛있는 네팔 음식을 먹고 싶다.

मिठो नेपाली खाना खान मन लाग्छ।

미토 네팔리 카나 카너 먼 락처.

미국에 가서 공부하고 싶다.

अमेरिकामा गएर पढ्न मन लाग्छ।

어메리카마 거에러 빠르너 먼 락처.

문법 익히기 <17> : 동사 + **न मन लाग्नु** (너 먼 라그누) ~ 하고 싶다

पढ्न मन लाग्नु 빠르너 먼 라그누 (공부하고 싶다)

खान मन लाग्नु 카너 먼 라그누 (먹고 싶다)

कोरियामा जान मन लाग्नु 코리아마 자너 먼 라그누 (한국에 가고 싶다)

Tema

감정 표현

응용 대화 (4) 걱정하는 친구 위로하기

राम : भोली जाँच भएकोले दिक्का लाग्छ।
람 : 볼리 자하츠 버에꼴레 딕까 락처.

निर : किन त्यसरी सानो कामकोलागी
चिन्ता गर्नु हुन्छ?
니르 : 끼너 떼서리 사노 깜꼴라기
찐따 거르누 훈처?

चन्ता न गर्नुस्।
찐따 너 거르누스.

म तपाईंको लागी सहयोग गरि दिन्छु।
머 떠빠이꼴라기 서허욕 거리 딘추.

राम : धेरै धन्यवाद।
람 : 데레 던여받

निर : कुन खाना मन पर्छ?
니르 : 꾼 카나 먼 뻘처?

राम : मलाई नेपाली खाना मन पर्छ।
람 : 멀라이 네팔리 카나 먼 뻘처.

निर : त्यसो भए, नेपाली खाना खाऔं।
니르 : 떼소 버에, 네팔리 카나 카오웅.
खाना खाए पछि मन फ्रेश् हुन्छ होला।
카나 카에빠치 먼 프레시 훈처 홀라.

람 : 내일 시험 때문에 걱정이 돼요.

니르 : 왜 그렇게 작은 일 때문에 걱정하세요?

걱정하지 마세요.

제가 도와 줄게요.

람 : 정말 고마워요.

니르 : 어떤 음식 좋아하세요?

람 : 저는 네팔 음식 좋아요.

니르 : 그러면 네팔 음식 먹으러 가요.

먹고 나면 기분이 나아질 거예요.

 01 기쁨과 즐거움

행복해요.

खुसी लाग्यो।

쿠시 라교.

제 인생에서 이렇게 행복한 순간은 없었어요.

मेरो जिबनमा यसरी खुसी हने समय थिएन।

메로 지븐마 여서리 쿠시 후네 서머야 티에너.

너무 기뻐요.

मलाई धेरै खुसी लाग्यो।

멀라이 데레 쿠시 라교.

너무 좋아서 눈물이 날 것 같아요.

धेरै खुसी लागेकोले आँसु आए जस्तो लाग्यो।

데레 쿠시 라게꼴레 아수 아에 저스또 라교.

정말 즐거워요.

धेरै रमाईलो लाग्यो।

데레 러마일로 라교.

너무 좋아요.

धेरै राम्रो छ।

데레 람로 처.

02 걱정과 긴장

걱정스러울 때

왜 그렇게 작은 일 때문에 걱정하세요?

किन त्यसरी सानो कामको लागी चिन्ता गर्नु हुन्छ?

끼너 떼서리 사노 깜꼴라기 찐따 거르누 훈처?

걱정하지 마세요.

चिन्ता न गर्नुस् न।

찐따 너 거르누스 너.

내일 시험 때문에 걱정이 돼요.

भोली जाँच भएकोले दिक्का लाग्छ।

볼리 자하츠 버에꼴레 딕까 락처.

괜찮아요. 마음 편하게 드세요.

ठिक छ। आराम गर्नुस् न।

틱 처. 아람 거르누스 너.

저는 큰 문제와 맞닿아 있어요.

मसंग ठूलो समस्या छ।

머성거 툴로 서머시야 처.

큰 문제는 아니에요.

त्यती ठूलो समस्या होइन।

떼띠 툴로 서머시야 호이너.

항상 해결 방법은 있어요.

जहिले पनि समाधान गर्ने तरिका छ।

저힐레 뻐니 서마단 거르네 떠리까 처.

긴장 될 때

긴장돼요.

असान्त लाग्यो।

어산떠   라교.

너무 긴장돼서 미치겠어요

धेरै असान्त लागेकोले पागल हुन लागें।

데레   어산떠   라게꼴레   빠걸   후너 라게.

심장이 터질 것 같아요.

मुटु फुट्ला जस्तो छ।

무뚜   푸떨라   저스토   채.

진정해.

आराम गर्।

아람   거러.

심호흡을 하세요.

लामो सास फेर्नुस्।

라모   사스   펠누스.

03 슬픔과 우울함

난 너무 슬퍼요.

मलाई धेरै उदास लाग्यो।

멀라이 데레 우다스 라교.

슬퍼하지 마세요.

दुख नमान्नुस्।

두크 너만누스.

울고 싶어요.

रुन मन लाग्यो।

루너 먼 라교.

너무 우울해요.

धेरै अँध्यारो लाग्यो।

데레 어디얄로 라교.

비는 나를 우울하게 해요.

पानी परेकोले अँध्यारो लाग्यो।

빠니 뻐레꼴레 어디얄로 라교.

그렇게 우울한 표정 짓지 마세요.

त्यसरी अँध्यारो मुख न लाउनुस्।

떼서리 어디얄로 묵 너 라우누스.

슬픔을 참을 수 없어요.

दुख खप्न सकिन।

두크 컵너 서키너.

 <h1>귀찮음과 불평</h1>

그 사람 이야기를 듣고 화가 났어요.

उसको कुरा सुन्नेर दिमाग ताल्यो।

우스꼬 꾸라 순네러 디막 따뚀.

그는 쉽게 짜증을 내요.

उहाँले सधै रिस उठाउनु हुन्छ।

우할레 서더이 리스 우타우누 훈처.

이제는 참을 수 없어요.

अब सहन सकिन।

어버 서허너 석키너.

난 더 이상 기다릴 수 없어요.

म अझै पर्खन सक्दिन।

머 어저히 빠르커너 석디너.

무엇이 불만이에요?

किन कम्प्रेन गर्नु हुन्छ?

끼너 껌플레인 거르누 훈처?

나는 이렇게 적은 월급에 불만이야.

यसरी तनखा थोरै भएकोले कम्प्रेन गर्छु।

여서리 떠너카 토레이 버에꼴레 껌플레인 거르추.

나는 내 얼굴에 불만이 많아.

मेरो अनुहार नराम्रो देखेकोले कम्प्रेन गर्छु।

메로 어누하루 너람로 데케꼴레 껌플레인 거르추.

난 아무 불만이 없어.

मेरो कनै कम्प्रेन छैन।

메로 꾸너이 껌플레인 처이너.

05 망각, 후회와 실망

망각할 때

내가 뭐라고 말했죠?
मैले के भने?
머힐레 께   버네?

제가 어디까지 이야기했죠?
मैले केसम्म भने?
머일레 께 썸머   버네?

기억이 안 나요.
याद आउदैन।
얃   아운더이너.

저 건망증이 있어요.
म बिर्सिन्छु।
머   비르신추.

후회할 때

진실을 말했어야 했는데…

साचो कुरा गर्नु पर्ने थियो।

사쪼 꾸라 거르누 뻐르네 티요.

그녀와 함께 가지 못한 것이 너무 안타깝다.

उहाँसंग न गएकोले धेरै मन दुखेको छ।

우하성거 너 거에꼴레 데레 먼 두케꼬 처.

만약 시간을 돌릴 수 있다면, 그것을 말하지 않았을 텐데…

समय फेरि आएमा त्यस्तो कुरा गर्दिन होला।

서머야 페리 아에마 떼스또 꾸라 거르디너 홀라.

지금은 너무 늦었어요.

अब धेरै ढिलो भयो।

어버 데레 딜로 버요.

지금은 더 방법이 없어요.

अब अरु तरिका छैन।

어버 어루 떠리까 처이너.

문법 익히기 <18> : 동사 + **नु** पर्ने थियो (누 뻐르네 티요) ~ 했어야 했는데…

ऊ साचो कुरा गर्नु पर्ने थियो। 우 사쪼 꾸라 거르누 뻐르네 티요
(그 사람이 진실을 말했어야 했는데…)

ऊ छिटै जानु पर्ने थियो। 우 치떠이 자누 뻐르네 티요.
(그 남자가 빨리왔어야 했는데…)

06 감탄과 칭찬

와!!
एहो !
에호!

너무 좋아요.
धेरै राम्रो !
데레 람로!

믿을 수 없어요.
विश्वास गर्न सकिन ।
비스와스 거르너 서키너.

정말 잘 했어요.
धेरै राम्रो काम गर्नु भयो ।
데레 람로 깜 거르누 버요.

당신은 참 예뻐요.
तपाईं धेरै सुन्दर हुनुहुन्छ ।
떠빠이 데레 순덜 후누훈처.

너는 참 예뻐.
तीमी धेरै सुन्दर छेउ ।
띠미 데레 순덜 채우.

당신은 참 멋있어요.
तपाईं धेरै राम्रो हुनुहुन्छ ।
떠빠이 데레 람로 후누훈처.

너는 참 멋있어.

तीमी धेरै राम्रो छ ।

띠미 데레 람로 처.

너는 참 똑똑해.

तीमी धेरै बाठो छ ।

띠미 데레 바토 처.

너희 둘은 정말 잘 어울려.

तीमीहरु धेरै मिल्छौ ।

띠미허루 데레 밀처우.

너는 정말 기억력이 좋아.

तीमी धेरै जेहनदार छ ।

띠미 네레 제헌디르 처.

07 격려와 위로

힘내. 다 잘 될 거야.

खुसी हौ। सबै राम्ररी हुन्छ होला।

쿠시 허우. 섭버이 람러리 훈처 홀라.

두려워하지 말고 다시 해 보세요.

नडराइ फेरी गर्नुस्।

너더라이 페리 거르누스.

포기하지 마세요.

न छोड्नुस्।

너 초르누스.

포기하지 마.

न छोड्।

너 초르.

더 좋은 일이 생길 거야.

पहिले भन्दा अझै राम्रो काम आउछ, होला।

뻐힐레번다 어저히 람로 깜 아운처 홀라.

항상 네 옆에 있을게.

जहिलेपनि तिम्रो छेउमा बस्ने छु।

저힐레뻐니 띰로 채우마 버스네 추.

내가 널 도와줄게.

म तिम्रोलागी सहयोग गरि दिन्छु।

머 띰로라기 서허욕 거리 딘추.

난 널 믿어.

म तिम्रो विश्वास गर्छु।

머 띰로 비쇼와스 거르추.

08 좋아함과 싫어함

좋아하는 것을 묻고 답할 때

어떤 음식을 좋아하세요?

कुन खाना मन पर्छ?

꾼 카나 먼 뻘처?

저는 네팔 음식이 좋아요.

मलाई नेपाली खाना मन पर्छ।

멀라이 네팔리 카나 먼 뻘처.

난 클래식 음악이 좋아.

मलाई प्रचीन सङ्गीत मन पर्छ।

멀라이 프러찐 성깃 먼 뻘처.

커피와 차 중 무엇을 좋아하세요?

कफी र चिया मध्ये कुन मन पर्छ?

커피 러 찌아 머데 꾼 먼 뻘처?

난 커피보다는 차가 좋아.

मलाई कफीभन्दा चिया मन पर्छ।

멀라이 커피 번다 찌아 먼 뻘처.

문법 익히기 〈19〉 : 명사 + मध्ये (머데) ~ 중에

नेपाली खाना मध्ये कुन चाहिँ मन पर्छ?

네팔리 카나 머데 꾼 짜히 먼 뻘처? (네팔 음식 중에 어떤 것을 좋아하세요?)

सङ्गीत मध्ये कुन चाहिँ मन पर्छ?

성깃 머데 꾼 짜히 먼 뻘처? (음악 중에 어떤 것을 좋아하세요?)

영화 좋아하세요?

चलचित्र हेर्न मन पर्छ?

쩔찌뜨러 헤르너 먼 뻘처?

네, 좋아해요.

हजुर, मन पर्छ।

허주르, 먼 뻘처.

아니오, 좋아하지 않아요.

होइन, मन पर्दैन।

호이너, 먼 뻐르더이너.

싫어하는 것을 묻고 답할 때

세상에서 제일 하는 동물이 뭐예요?

संसारमा सबभन्दा मन नपर्ने जनावर के होला?

선사르마 섭번다 먼 너뻐르네 저나와르 께 홀라?

제일 싫어하는 동물은 쥐예요.

सबभन्दा मन नपर्ने जनावर मुसा हो।

섭번다 먼 너뻐르네 저나와르 무사 호.

난 아침에 일찍 일어나는 게 싫어.

मलाई बिहान छिटै उठ्न मन पर्दैन।

멀라이 비하너 칫떼이 우트너 먼 뻐르더이너.

봄, 여름, 가을, 겨울 중 어느 계절이 가장 싫어요?

वसन्त ऋतु, ग्रीष्म, शरद ऋतु, शिशिर ऋतु मध्ये सबै भन्दा

버선떠 리뚜, 그리스머, 서럳 리뚜, 시시르 리뚜 머데 서버이 번다

कुन मन पर्दैन?

꾼 먼 뻐르더이너?

여름이 가장 싫어요.

गृष्म मन पर्दैन।

그리스머 먼   뻐르더이너.

여름을 가장 싫어하는 이유가 있어요?

गृष्म मन नपर्ने कारण छ?

그리스머 먼 너 뻐르네 까럴   처?

덥잖아요.

गर्मी भएकोले।

거르미   버에꼴레.

난 그 사람이 싫어요.

मलाई उहाँ मन पर्दैन।

멀라이   우하   먼   뻐르더이너.

왜요?

किन ?

끼너?

왜냐하면 너무 이기적이고 잘난 척을 하거든요.

किनभने धेरै स्वार्थी र चढेको छ।

끼너버네 데레 스와르티 러 쩌레꼬 처.

문법 익히기 <20> : 동사 + **न मन पर्दैन** (너 먼 뻐르더이너) ~ 하는 것을 싫어하다

बिहान छीटै उठ्न मन पर्दैन।

비하너   칫떠이 우트너   먼   뻐르더이너. (아침 일찍 일어나는 것을 싫어한다.)

चलचित्र हेर्न मन पर्दैन।

쩔찌뜨러 헤르너 먼   뻐르더이너. (영화 보는 것을 싫어한다.)

Tema

사교 표현

응용 대화 (5) 식당에서

그राहक : अर्डर लिनुस् । 오덜 리누스.	손님 : 주문 받으세요.
वेटर : के लिनु हुन्छ होला ? 께 리누 훈처 홀라?	웨이터: 무엇을 드시겠습니까?
ग्राहक : दालभात एक प्लेट दिनुस् । 달받 엑 플렛 디누스.	손님 : 달밧 1인분 주세요.
वेटर : के पिउनु हुन्छ होला ? 께 삐우누 훈처 홀라?	웨이터 : 마실 것은 무엇으로 드릴까요?
ग्राहक : कोक एक बोटर दिनुस् । 코크 엑 보틀 디누스.	손님 : 콜라 한 병 주세요.
वेटर : सिमीको फोल अझै लिनु हुन्छ ? 시미꼬 졸 어저히 리누 훈처?	웨이터 : 콩수프 더 드릴까요?
ग्राहक : हजुर, दिनुस् । 허줄, 디누스.	손님 : 네, 주세요.
ग्राहक : जम्मा कति भयो ? 점마 꺼띠 버요?	손님 : 모두 얼마예요?
वेटर : तीन सय रुपियाँ हो । 띤 서여 루피야 호.	웨이터 : 300루피예요.
ग्राहक : लिनुस् । 리누스.	손님 : 여기 있습니다.
वेटर : स्वाद कस्तो थियो ? 스와드 꺼스또 티요?	웨이터 : 맛은 어떠셨어요?
ग्राहक : मिठो गरेर खाएँ । 미토 거레러 카에.	손님 : 맛있게 먹었어요.
वेटर : राम्ररी जानुस् । 람러리 자누스.	웨이터 : 안녕히 가세요.

01 약속과 초대

약속을 청할 때

주말에 시간 있으세요?

हप्ताको अन्तिममा समय हुन्छ?

헙따꼬　　　언띰마　　　서머야　훈처?

우리 대학교 앞에서 볼까요? 괜찮아요?

हामी क्याम्पसको अगाडि भेटौंला। ठिक छ?

하미　　　캠퍼스꼬　　　어가리　베떠울라.　　틱　처?

토요일에 한가하세요?

शनिबार फुर्सत छ?

써니바르　　　풀섣　　처?

우리 어디에서 만날까요?

हामी कहाँ भेटौंला?

하미　　까하　베떠울라?

당신을 집에 식사 초대하고 싶어요.

तपाईंले मेरो घरमा खाना खानलाई निम्ता गर्न मन लाग्यो।

떠빠일레　메로　거르마　카나　카너라이　　님따　거르너　먼　라교.

무슨 요일이 괜찮아요?

कुन बार राम्रो छ होला?

꾼　바르　람로　처　홀라?

우리 집에 식사하러 오지 않을래요?

मेरो घरमा खाना खानलाई जान कस्तो लाग्यो?

메로　거르마　카나　카너라이　자너　꺼스또　라교?

수요일 괜찮겠어요?

बुधबार ठिक छ?

부다바르 틱 처?

내일이 내 생일인데 안 올래?

भोली मेरो जन्मदिन हो। जान सक्छ?

볼리 메로 전머딘 호. 자너 석처?

너 시간되면, 일요일에 배드민턴 같이 치자.

फुर्सत छ भने, आइतबार ब्याडमिन्टन संगै खेलौं।

풀섣 처 버네, 아이떠바르 배드민턴 성거이 켈러우.

배고프지 않아? 오늘은 내가 쏠게.

भोक लागेको छैन? आज म तिर्छु।

보끄 라게꼬 처이너? 아저 머 띨추.

약속을 승낙할 때

네, 좋아요.

हजुर, हुन्छ।

허주르, 훈처.

네, 한가해요.

हजुर, फुर्सत छ।

허주르, 풀섣 처.

좋아요, 수요일에 봐요.

हजुर, बुधबार भेटौंला।

허주르, 부다바르 베떠울라.

좋아. 수요일에 보자.

राम्रो। बुधबार भेटौं।

람로. 부다바르 베떠웅.

약속을 거절할 때

죄송하지만, 안 될 것 같아요.

माफ गर्नुस्, सकिन होला।

마프 거르누스, 서키너 홀라.

고마워, 그런데 갈 수가 없어.

धन्यबाद, तर जान सकिन।

던여받. 떠러 자너 서키너.

정말 가고 싶었는데 이번주 일요일에는 시간이 안 돼.

धेरै आउन मन लागेता पनि आउने आइतबार समय छैन।

데레 아우너 먼 라게따 뻐니 아우네 아이떠바르 서머야 처이너.

오늘은 다른 약속이 있어.

आज अर्को कबुल छ।

아저 어르꼬 꺼불 처.

다음에 전화할게.

पछि फोन गर्छु।

뻐치 폰 거르추.

문법 익히기 〈21〉 : 동사 + औ + (어웅) ~ 합시다

खाना खाऔं। 카나 카웅 (밥을 먹읍시다)

संगै पढौं। 성거이 뻐러웅 (함께 공부합시다)

चलचित्र हेरौं। 쩔찌뜨러 헤러웅 (영화를 봅시다)

02 방문

방문했을 때

여기가 람씨 집입니까?

यहाँ रामजीको घर हो ?

야하   람지꼬   거르 호?

네, 맞는데요.

हजुर, हो ।

허주르, 호.

누구시죠?

को हुनुहुन्छ ?

꼬   후누훈처?

대학교 친구입니다.

क्याम्पसको साथी हो ।

캠퍼스꼬   사티   호.

들어오셔서 잠시만 기다려 주십시오.

भित्र आएर एकछिन पर्खनुस् ।

비뜨러 아에러   엑친   뻐르커누스.

곧 돌아오실 겁니다.

एकछिनमा आउनु हुन्छ होला ।

엑친마   아우누   훈처   홀라.

말씀 많이 들었습니다.

तपाईंको बारेमा धेरै सुन्नें ।

떠빠이꼬   바레마   데레   순네.

방문을 마칠 때

초대에 감사드립니다.

निम्ता दिनलाई धन्यबाद।

님따 디너라이 던여받.

맛있는 저녁 감사했습니다.

धेरै मिठो खाना दिएकोमा धन्यबाद।

데레 미토 카나 디에꼬마 던여받.

너무 늦었군요. 전 가봐야겠습니다.

धेरै ढिलो भयो। अब म जानु पर्छ।

데레 딜로 버요. 어버 머 자누 뻴처.

조금만 더 계세요.

एकछिन बस्नुस् न।

액친 버스누스 너.

또 오세요.

फेरि आउनुस्।

페리 아우누스.

언제든지 오세요.

सधै आउनुस्।

서더이 아우누스.

앞으로 자주 오겠습니다.

अब धेरैचोटी आउछु।

어버 데레쪼띠 아운추.

다음에는 저희 집에 초대하겠습니다.

फेरि मेरो घरमा निम्ता गर्छु।

페리 메로 거르마 님따 거르추.

03 식사

식사를 제안할 때

식사합시다.

खाना खाऔं।

카나　카웅.

시간이 되면 함께 저녁 식사하자.

समय भयो भने संगै बेलुकाको खाना खाउला।

서머야　버요　버네　성거이　벨루까꼬　카나　카울라.

우리 뭐 좀 먹을까?

हामी के खाऔं?

하미　께　카웅?

식사할 때

주문 받으세요.

अर्डर लिनुस्।

오덜　리누스.

달밧 1인분 주세요.

दालभात एक प्लेट दिनुस्।

달받　엑　플렛　디누스.

마실 것은 무엇으로 드릴까요?

के पिउनु हुन्छ होला?

께　삐우누　훈처　홀라?

찌아 한 잔, 바나나 주스 한 잔 주세요.

चिया एक कप र बानाना जुस एक कप दिनुस् ।

찌아 엑 컵 러 바나나 주스 엑 컵 디누스.

물을 좀 가져다 주시겠습니까?

खाने पानी अझै दिनुस् ।

카네 빠니 어저히 디누스.

콩수프를 더 드릴까요?

सिमीको झोल अझै लिनु हुन्छ?

시미꼬 졸 어저히 리누 훈처?

반찬 더 필요하세요?

तरकारी अझै चाहिन्छ?

떠르까리 어저히 짜인처?

접시 하나만 더 주세요.

प्लेट एउटा अझै दिनुस् ।

플랫 요우따 어저히 디누스.

콜라 한 병 주세요.

कोक एक बोटर दिनुस् ।

코크 엑 보틀 디누스.

맛은 어떠셨어요?

स्वाद कस्तो थियो?

스와드 꺼스또 티요?

좀 달았지만 맛있었어요.

अलि गुलियो भएता पनि मिठो लाग्यो ।

얼리 굴리오 버에따 뻐니 미토 라교.

맛있게 먹었어요.

मिठो गरेर खाएँ ।

미토 거레러 카에.

04 전화

전화를 걸기 전에

전화를 사용할 수 있을까요?

फोन प्रयोग गर्न सक्छु?

폰 프러요그 거르너 석추?

어떻게 전화를 이용할 수 있을까요?

फोन प्रयोग गर्नलाई के गर्नु पर्छ?

폰 프러요그 거르너라이 께 거르누 뻴처?

전화 거는 방법을 잘 모르겠어요. 좀 도와주세요.

फोन प्रयोग गर्ने तरिका थाहा छैन। सहयोग गरि दिनुस्।

폰 프러요그 거르네 떠리까 타하 처이너. 서허욕 거리 디누스.

전화가게는 어디에 있어요?

फोनको पसल कहाँ छ?

폰꼬 뻐설 까하 처?

인터넷 전화도 되나요?

इन्टरनेत फोन पनि छ?

인터넷 폰 뻐니 처?

1분에 얼마예요?

एक मिनेटको कति हो?

엑 미니트꼬 꺼띠 호?

국제전화도 가능한가요?

अरु देशमा फोन गर्न मिल्छ?

어루 데스마 폰 거르너 밀처?

한국으로 전화 걸 수 있을까요?

कोरियामा फोन गर्न सक्छु ?

코리아마　　폰　거르너　석추?

한국 국번이 몇 번이에요?

कोरियामा फोन गर्नलाई देशको नम्बर कति हो ?

코리아마　　폰　거르너라이　데스꼬　넘버　　꺼띠　호?

전화를 걸 때

저는 먼주씨 친구 미라입니다.

म मन्जुजीको साथी मिरा हुँ ।

머　　먼주지꼬　　사티　　미라　후.

먼주 씨 있나요?

मन्जुजी हुनुहुन्छ ?

먼주 지　　후누훈처?

먼주 씨와 통화할 수 있을까요?

मन्जुजीसंग कुरा गर्न सक्छु ?

먼주지성거　　꾸라　거르너　석추?

여보세요. 먼주 씨예요?

हेलो । मन्जुजी हो ?

헬로.　　먼주지　　호?

몇 시쯤 전화하면 먼주씨와 통화할 수 있을까요?

कति बजेतिर फोन ग्यो भने मन्जुजीसंग कुरा गर्न सकिन्छ होला ?

꺼띠　버제띠러　폰　거료　버네　먼주지성거　꾸라　거르너　서낀처　　홀라?

거기가 네팔 항공인가요?

यो नेपाल हवाईसेवा प्यो ?

요　　네팔　　허와이세와　　뻐료?

거기가 123-4567인가요?

यो एकदुइतिन चारपाँच छसात हो ?

요 엑두이띤 짜르빠즈처사트 호?

전화가 걸려왔을 때

여보세요.

हेलो ।

헬로.

말씀하세요.

भन्नुस् ।

번누스.

누구시죠?

को बोल्दै हुनुहुन्छ ?

꼬 볼더이 후누훈처?

잘 안 들려요. 좀더 크게 말씀해 주세요.

कुरा धेरै सानो सुनिन्छ । अलि ठूलो स्वरमा बोल्नुस् न ।

꾸라 데레 사노 수닌처. 얼리 툴로 스워르마 볼누스 너.

누구 찾으세요?

कोसलाई खोज्न भएको ?

꼬슬라이 코즈너 버에꼬?

전화를 바꿔줄 때

잠시만 기다려 주세요.

एकछिन पर्खनुस् ।

엑친　뻐르커누스.

잠시만요.

एकछिन

엑친.

친구분의 전화입니다.

तपाईंको साथिको फोन आयो ।

떠빠이꼬　사티꼬　폰　아요.

먼주 씨는 지금 회의중이니 잠시만 기다려 수세요.

मन्जुजीले अहिले बैठक भएकोले एकछिन पर्खनुस् न ।

먼주질레　어힐레　버이떡　버에꼴레　엑친　뻐르커누스　너.

끊지 말고 기다려 주세요.

फोन होल्डमा राख्नुस् ।

폰　홀드마　라크누스.

전화를 받을 수 없을 때

다시 전화해 주세요.

फेरि फोन गर्नुस् ।

페리　폰　거르누스.

죄송하지만, 먼주 씨는 지금 회의중이에요.

माफ गर्नुस् । मन्जुजीले अहिले बैठकमा छ ।

마프　거르누스.　먼주질레　어힐레　버이떡마　처.

그 분은 지금 안 계세요.

उहाँ अहिले हुनुहुन्न ।

우하 어힐레 후누훈너.

지금은 전화받기가 좀 곤란해요.

अहिले फोन लिन अलि गाह्रो छ ।

어힐레 폰 리너 얼리 가로 처.

잠시 후에 다시 걸어주시겠어요?

एकछिन पछि फेरि फोन गरि दिन सक्नु हुन्छ ?

엑친 뻐치 페리 폰 거리 디너 서크누 훈처?

통화 중입니다.

उहाँले अर्को फोन आएर कुरा गर्दै छ ।

우할레 어르꼬 폰 아에러 꾸라 거르더이 처.

메시지를 부탁할 때

그에게 전화가 왔었다고 전해 주세요.

उहाँलाई फोन आयो भनेर कुरा गरि दिनुस् ।

우하라이 폰 아요 버네러 꾸라 거리 디누스.

제게 전화해 달라고 전해 주세요.

मलाई फोन गरि दिनुस् भनेर भनि दिनुस् ।

멀라이 폰 거리 디누스 버네러 버니 디누스.

전할 말씀 있으세요?

अरु कुरा छ ?

어루 꾸라 처?

메시지 전해 드릴까요?

अरु कुरा पास गरि दिने ?

어루 꾸라 파스 거리 디네?

잘못 걸려온 전화를 받았을 때

잘못된 번호입니다.
रङ नम्बर हो।
렁 넘버르 호.

몇 번으로 거셨어요?
कति नम्बरमा फोन गर्नु भयो?
꺼띠 넘버르마 폰 거르누 버요?

그런 사람 여기 없습니다.
यहाँ त्यस्तो मान्छे छैन।
야하 떼스또 만체 처이너.

전화 잘못 거셨습니다.
रङ नम्बरमा फोन गर्नु भयो।
렁 넘버르마 폰 거르누 버요.

전화를 끊을 때

나중에 다시 전화하겠습니다.
फेरि फोन गर्छु।
페리 폰 거르추.

나중에 통화할까요?
फेरि फोनमा कुरा गर्ने मन छ?
페리 폰마 꾸라 거르너 먼 처?

이만 끊을게요.
अब राखैं।
어버 라커웅.

지금은 바빠서요. 다음에 다시 통화해요.

अहिले व्यस्त भएर। फेरि फोनमा कुरा गरैं।

어힐레 베스또 버에러. 페리 폰마 꾸라 거러웅.

문법 익히기 〈22〉 : 동사, 형용사 + एकोले (에꼴레) ~때문에

बैठक भएकोले 버이떡 버에꼴레 (회의가 있기 때문에)

पानी परेकोले 빠니 뻐레꼴레 (비가 오기 때문에)

समय न भएकोले 서머야 너 버에꼴레 (시간이 없기 때문에)

Tema

06

화제 표현

응용 대화 (6) 잘 모르는 사람과 대화할 때

राम : तपाई कहाँबाट आउनु भयो ?
람 : 떠빠이 까하바터 아우누 버요?

람 : 당신은 어디에서 왔습니까?

निर : म भारतबाट आएको हुँ
니르 : 머 바럿바터 아애꼬 후.

니르 : 전 인도에서 왔어요.

राम : तपाईंको उमेर कति भयो ?
람 : 떠빠이꼬 우메르 꺼띠 버요?

람 : 당신은 몇 살입니까?

निर : तिस बर्ष भयो ।
니르 : 띠스 버르사 버요.

니르 : 30살입니다.

राम : म भन्दा तीन बर्ष बढी भयो ।
람 :   머번다   띤 버르사 버리 버요.

람 : 저보다 3살 더 많으시네요.

निर : दाइभाइ कतिजना छन् ?
니르 : 다이바이 꺼띠저나 천?

니르 : 형제자매는 어떻게 돼요?

राम : एकजना दाइ र एकजना बहिनी छन् ।
람 :   엑저나   다이,   엑저나 버히니 천.

람 : 형과 여동생이 한 명씩 있어요.

निर : कुन खेलकुद मन पर्छ ?
니르 :   꾼 켈꾿 먼 뻘처?

니르 : 어떤 운동 좋아하세요?

राम : मलाई फुटबल र बेसबल मन पर्छ ।
람 : 멀라이 풋볼 러 베이스볼 먼 뻘처.

람 : 저는 축구와 야구 좋아해요.

निर : मन पर्ने फुटबल दल छ ?
니르 : 먼 뻐르네 풋볼 덜 처?

니르 : 좋아하는 축구 팀 있어요?

राम : मेनछेस्थ युनाइथिद मन पर्छ ।
람 : 멘체스터 유나이티드 먼   뻘처.

람 : 맨체스터 유나이티드요.

01 개인 신상

출신지에 대해서

넌 어디 출신이니?

तिमी कहाँबाट आयो ?

띠미 까하바터 아요?

당신은 어디에서 왔습니까?

तपाई कहाँबाट आउनु भयो ?

떠빠이 까하바터 아우누 버요?

전 한국 사람입니다.

म कोरियन हुँ ।

머 코리연 후.

전 네팔 사람입니다.

म नेपाली हुँ ।

머 네팔리 후.

전 미국 출신입니다.

म अमेरिकन हुँ ।

머 어메리껀 후.

전 인도에서 왔어요.

म भारतबाट आएको हुँ ।

머 바럿바터 아애꼬 후.

전 중국 사람이에요.

म चिनियाँ हुँ ।

머 찌니야 후.

나이에 대해서

당신은 몇 살입니까?

तपाईंको उमेर कति भयो ?

떠빠이꼬   우메르   꺼띠   버요?

전 25살이에요.

मेरो उमेर पच्चीस बर्ष भयो ।

메로   우메르   뻐찌스   버르사   버요.

당신은요?

तपाईंको नि ?

떠빠이꼬   니?

30살입니다.

तिस बर्ष भयो ।

띠스   버르사   버요.

저보다 3살 더 많으시네요.

म भन्दा तीन बर्ष बढी भयो ।

머   번다   띤   버르사   버리   버요.

저보다 5살 더 어리시네요.

म भन्दा पाँच बर्ष कम भयो ।

머   번다   빠쯔   버르사   껌   버요.

문법 익히기 〈23〉 : 명사 + **बाट** (바터) ~에서

कहाँबाट 까하바터 (어디에서)

सहरबाट 서허르바터 (도시에서)

भारतबाट 바럿바터 (인도에서)

02 가족 관계

가족에 대해서

너희 가족은 몇 명이니?

तिम्रो परिवारमा जम्मा कति जना छन्?

띰로　뻐리와르마　점마　꺼띠　저나　천?

우리 가족은 모두 4명이야.

मेरो परिवारमा जम्मा चारजना छन्।

메로　뻐리와르마　점마　짜르저나　천.

저는 부모님과 함께 살고 있습니다.

म आमाबुबा संगै बस्दै छु।

머　아마부바　성거이　버스더이　추.

자녀는 있습니까?

छोराछोरी छन्?

초라초리　천?

자녀는 몇 명이나 있습니까?

छोराछोरी कतिजना छन्?

초라초리　꺼띠저나　천?

아들 한 명, 딸 한 명이 있습니다.

एकजना छोरा र एकजना छोरी छन्।

엑저나　초라　러　엑저나　초리　천.

자녀는 모두 세 명이 있어요.

जम्मा तिनजना छन्।

점마　띤저나　천.

부모님은 어떤 일 하세요?

आमाबुबा के काम गर्नु हुन्छ?

아마부바 께 깜 거르누 훈처?

아버지는 선생님이고, 어머니는 간호사세요.

बुबा शिक्षक हुनुहुन्छ र आमा नर्स हुनुहुन्छ।

부바 시책 후누훈처, 러 아마 너스 후누훈처.

어머니는 가정주부세요.

आमा गृहणी हुनुहुन्छ।

아마 그리허니 후누훈처.

형제자매는 어떻게 돼요?

दाइभाइ कतिजना छन्?

다이바이 꺼띠저나 천?

형이 한 명, 여동생이 한 명 있어요.

एकजना दाइ र एकजना बहिनी छन्।

엑저나 다이 러 엑저나 버히니 천.

형은 회사다니고, 여동생은 학생이에요.

दाइ अफिसमा काम गर्नु हुन्छ र बहिनीले विद्यार्थी हो।

다이 오피스마 깜 거르누 훈처 러 버히닐레 삐띠알띠 호.

저는 둘째 딸이에요.

म मइली छोरी हुँ।

머 머일리 초리 후.

저는 막내 딸이에요.

म कन्छी हुँ।

머 깐치 후.

친척에 대해서

한국에 친척이 있나요?

कोरियामा नातेदार छन्?

코리아마　　나떼다르　　천?

할아버지, 할머니가 아직 살아 계세요.

हजुरबुबा र हजुरआमा अहिलेसम्म हुनुहुन्छ।

허주르부바　러　허주르아마　　어힐레썸머　　후누 훈처.

할아버지는 작년에 돌아가셨어요.

हजुरबुबा गएको बर्ष खस्नु भयो।

허주르부바　　거에꼬　버르사　커스누　　버요.

사촌동생이 지금 인도에서 공부하고 있어요.

मेरो दाजुभाइले अहिले भारतमा पढ्दै छ।

메로　　다주바일레　　어힐레　　바럿마　　뻐르더이 처.

문법 익히기 〈24〉 : 동사 + **दै छ** (더이 처) ~고 있다

पढ्दै छ। 뻐르더이 처. (공부하고 있다)

आमाबुबा संगै बस्दै छ। 아마부바 성거이 버스더이 처. (부모님과 함께 살고 있다)

खाना खादै छ। 카나 카더이 처. (밥을 먹고 있다)

03 데이트

데이트를 신청할 때

오늘밤에 시간 있어요?

आज राती समय छ?
아저 라띠 서머야 처?

함께 저녁 먹을래요?

संगै बेलुकाको खाना खाऔं?
성거이 벨루까꼬 카나 카오웅?

함께 영화 보러 갈래요?

संगै चलचित्र हेर्न जाऔं?
성거이 쩔찌뜨러 헤르너 자웅?

이번 주 주말에 시간 어떠세요?

आउने हप्ताको अन्तिममा समय छ?
아우네 협따꼬 언띰마 서머야 처?

주말에 같이 드라이브 갈까요?

हप्ताको अन्तिममा गाडी चलाएर घुम्न जाऔं?
협따꼬 언띰마 갈리 쩔라에러 굼너 자웅?

저를 위해 시간을 내주실 수 있으세요?

मलाई समय दिन सक्नु हुन्छ?
멀라이 서머야 디너 서크누 훈처?

애정을 표현할 때

당신을 사랑합니다.

तपाईलाई माया गर्छु।

떠빠이라이　마야　거르추.

저의 남자친구/여자친구가 되어 주세요.

मलाई केटी/केटा साथी चिनाइ दिनुस्।

멀라이　께띠/께따　사티　찌나이　디누스.

당신 없이 살 수 없어요.

तिमी छैनऊ भने म बस्न सक्दिन।

띠미　처이너우　버네　머　버스너　석디너.

진심으로 당신을 사랑해요.

भित्रै देखी माया गर्छु।

비뜨러이 데키　마야　거르추.

문법 익히기 〈25〉 : 동사 + **न जानु** (너 자누) ~하러 가다

घुम्न जानु 굼너 자누 (여행하러 가다, 여행가다)

आमाबुबा भट्न जानु 아마부마 베트너 자누 (부모님을 뵈러 가다)

काम गर्न जानु 깜 거르너 자누 (일을 하러 가다)

 **결혼**

청혼에 대해서

저의 신부가 되어 주세요.

मेरो बिवाह गरि निदुस् ।

메로 비바흐 거리 디누스.

저와 결혼해 주세요.

मसंग बिहे गरि निदुस् ।

머성거 비헤 거리 디누스.

당신과 결혼하고 싶어요.

तपाईसंग बिहे गर्न चाहन्छु ।

떠빠이성거 비헤 거르너 짜헌추.

우리 결혼할까요?

हामी बिहे गरौं ?

하미 비헤 거러웅?

문법 익히기 〈26〉 : 동사 + **न चाहनु** (너 짜허누) ∼하고 싶다

बिहे गर्न चाहनु 비헤 거르너 짜허누 (결혼하고 싶다)

डाक्टर भट्न चाहनु 닥터 베트너 짜허누 (의사를 만나고 싶다)

टिकट किन्न चाहनु 티켓 낀너 짜허누 (표를 사고 싶다)

결혼에 대해서

아직 결혼 생각이 없어요.

अहिले बिहे गर्ने इच्छा छैन।

어힐레　비헤 거르네　이차　처이너.

좋아하는 사람이 있어요. 미안해요.

मलाई मन पर्न मान्छे छ। माफ गर्नुस्।

멀라이　먼　뻐르네　만체　처.　　마프　거르누스.

생각할 시간을 좀 주세요.

मलाई विचार गर्ने समय दिनुस्।

멀라이　　비자르 거르네　서머야　디누스.

아직은 일을 더 하고 싶어요.

बिहे गर्न भन्दा अझै काम गर्न मन लाग्छ।

(비헤 거르너　번다) 어저히　깜　거르너　먼　　락처.

결혼은 언제 할 거예요?

कहिले बिहे गर्नु हुन्छ?

꺼힐레　비헤 거르누　훈처?

내년에 할 거예요.

अर्को बर्षमा बिहे गर्छु।

어르꼬 버르사마　비헤　거르추.

사랑하는 사람이 생기면 결혼할 거예요.

प्रेम गर्ने मान्छे छ भने बिहे गर्छु।

프레임 거르네 만처　처 버네　비헤　거르추.

그들은 일요일에 결혼할 거예요.

उहाँहरु आइतबार बिहे गर्नु हुन्छ।

우하허루　　아이떠바르　비헤 거르누　훈처.

우리는 결혼한 지 1년이 되었어요.

हामीहरु बिहे गरेको एक बर्ष भयो ।

하미허루 비헤 거레꼬 엑 버르사 버요.

우리는 대학교에서 만났고, 졸업 후에 결혼했어요.

हामीहरु विश्वविद्यालयमा भेटेर, स्नातक गरे पछि बिहे गऱ्यौं ।

하미허루 비쇼비띠알러여마 베테러 스나떡 거레 뻣치 비헤 거룡.

어디에서 결혼하고 싶어요?

कुन ठाउँमा बिहे गर्न मन छ ?

꾼 타우마 비헤 거르너 먼 처?

우리는 교회에서 결혼했어요.

हामीहरु गिर्जाघरमा बिहे गऱ्यौं ।

하미허루 기르자거르마 비헤 거룡.

05 취미와 여가

취미 생활에 대해서

취미가 뭐예요?

तपाईंको रुचि के हो?

떠빠이꼬　루찌　께　호?

책 읽는 걸 좋아해요.

मलाई किताब पढ्न मन पर्छ।

멀라이　끼땁　뻐르너　먼　뻘처.

당신은요?

तपाईंको नि?

떠빠이꼬　니?

저는 음악 듣는 걸 좋아해요.

मलाई गीत सुन्न मन पर्छ।

멀라이　깃　순너　먼　뻘처.

휴일이면 음악을 들으세요?

बिदामा गीत सन्नु हुन्छ?

비다마　깃　순누　훈처?

네, 음악을 들어요.

हजुर, गीत सुन्छु।

허줄,　깃　순추.

그러면 다음주에 음악을 들으러 갈까요?

त्यसो भए, अर्को हप्तामा गीत सुन्न जाउला।

데소　버에,　어르꼬　헙따마　깃　순너　자울라.

좋아요.

हुन्छ ।

훈처.

여행에 대해서

언제 출발하세요?

कहिले सुरु हुन्छ?

꺼힐레　수루　훈처?

전 다음주 토요일에 떠나요.

म आउने शनीबार सुरु गर्छु ।

머　아우네　써니바르　수루　거르추.

몇 일에 떠나세요?

कहिले सुरु गर्नु हुन्छ?

꺼힐레　수루 거르누　훈처?

전 10월 22일에 떠나요.

म अक्टोबर बाइस गते सुरु गर्छु ।

머　악토우버　바이스　거떼　수루　거르추.

놀러 가시는 거예요 아니면 일 때문에 가세요?

घुम्नलाई जानुहुन्छ कि कामकोलागी जानुहुन्छ?

굼너라이　자누훈처　끼　깜꼴라기　자누훈처?

친구들과 놀러 가는 거예요.

साथिसंग घुम्न जान्छु ।

사티성거　굼너　잔추.

회사 일 때문에 가는 거예요.

अफिसको काम भएकोले जान्छु ।

오피스꼬　깜　버에꼴레　잔추.

혼자 가세요?

एक्लै जानु हुन्छ?

엑클레이 자누 훈처?

네, 혼자 가요.

हजुर, एक्लै जान्छु।

허주르, 엑클레이 잔추.

저는 혼자 여행가는 것 좋아해요.

म एक्लै घुम्न मन पर्छ।

머 엑클레이 굼너 먼 뻘처.

아니요, 일행이 있어요.

होइन, संगै जाने मान्छे छ।

호이너, 성거이 자네 만체 처.

친구는 먼저 가서 기다리고 있어요.

साथिले पहिले गएर पर्खिएको छ।

사틸레 뻐힐레 거에러 뻐르키애꼬 처.

문법 익히기 <27> : 명사 + **कोलागि** (꼴라기) ~을/를 위해

कामकोलागि 깜꼴라기 (일을 위해서)

आमाकोलागि 아마꼴라기 (엄마를 위해서)

सथीकोलागि 사티꼴라기 (친구를 위해서)

06 공연 관람

공연 관람에 대해서

저는 극장에 가고 싶어요.

मलाई चलचित्र हेर्न मन लाग्छ।

멀라이 쩔찌뜨러 헤르너 먼 락처.

어떤 영화를 좋아하세요?

कुन किसिमको चलचित्र हेर्न मन पर्छ।

꾼 끼심꼬 쩔찌뜨러 헤르너 먼 뻘처?

저는 액션 영화를 좋아해요.

मलाई फाइटिङ चलचित्र हेर्न मन पर्छ।

멀라이 파이팅 쩔찌뜨러 헤르너 먼 뻘처.

몇 시에 영화가 시작하죠?

कति बजे चलचित्र सुरु हुन्छ?

꺼띠 버제 쩔찌뜨러 수루 훈처?

7시 30분에 시작해요.

साढे सातबजे सुरु हुन्छ?

사데 사트버제 수루 훈처.

이제 20분 남았어요.

अब बिसमिनेट बाँकी छ।

어버 비스미니트 바끼 처.

남자주인공이 누구예요?

चलचित्रको नायक को हो?

쩔찌뜨러꼬 나역 꼬 호?

아밀 칸이 주인공이에요.

अमिर खाँन हो।

아밀　　칸　　호.

표가 있어요?

टिकट पाइन्छ?

티켓　　　빠인처?

미리 예매했어요.

अगाडी बुकिङ भइसक्यो।

어가리　　부킹　　버이서쿄.

C열 11,12번이에요.

C कोलम एघाह, बाह्र से हो।

C　꼴럼　에가러,　바러 세 호.

어떤 자리가 좋으세요?

कुन सिट मन पर्छ?

꾼　시트　먼　뻘처?

저는 뒷자리가 좋아요.

मलाई पछ्छाडिको सिट मन पर्छ।

멀라이　뻐차리꼬　시트　먼　뻘처.

문법 익히기 〈28〉 : 명사 + को (꼬) ~의

तपाईंको नाम 떠빠이꼬 남 (당신의 이름)

आमाको माया 아마꼬 마야 (엄마의 사랑)

साथीको फोला 사티꼬 졸라 (친구의 가방)

07 스포츠와 레저

पौडी खेल्न सक्नु हुन्छ?
뽀우리 켈너 서크누 훈처?

हजुर, सानो बच्चा बेलामा सिखें।
허주르, 사노 버짜 벨라마 시케.

होइन, पौडी खेल्न सकिन।
호이너, 뽀우리 켈너 서키너.

कुन खेलकुद मन पर्छ?
꾼 켈꾿 먼 뻘처?

मलाई फुटबल र बेसबल मन पर्छ।
멀라이 풋볼 러 베이스볼 먼 뻘처.

मन पर्ने फुटबल दल छ?
먼 뻐르네 풋볼 덜 처?

मेनछेस्थ युनाइथिद मन पर्छ।
멘체스터 유나이티드 먼 뻘처.

스키 탈 수 있어요?

स्की खेल्न सक्नु हुन्छ?

스키 켈너 서크누 훈처?

네, 겨울마다 스키장에 가요.

हजुर, हरेक जाडोमा स्की खेल्न जान्छु।

허주르, 허렉 자로마 스키 켈너 잔추.

평소에는 어떤 운동을 하세요?

धेरैजसो कुन खेलकुद खेल्नु हुन्छ?

데레저소 꾼 켈꾿 켈누 훈처?

일 끝나고 저녁에 헬스를 해요.

काम सिद्धिचाउए पछि बेलुका जिम्मा जान्छु।

깜 시디아우애 뻐치 벨루까 짐마 잔추.

문법 익히기 〈29〉 : 동사 + ए पछि (애 뻐치) ~한 후에

काम गरे पछि 깜 거레 뻗치 (일을 한 후에)

खाना खाए पछि 카나 카에 뻗치 (밥을 먹은 후에)

सथी भेटे पछि 사티 베테 뻗치 (친구를 만난 후에)

08 날씨와 계절

날씨를 물을 때

오늘 날씨가 어때요?

आज मौसम कस्तो छ?

아저　모우섬　꺼스또　처?

오후에 비가 올까요?

दिउँसो पानी पर्छ होला?

디우소　빠니　뻘처　홀라?

내일은 좋아질까요?

भोली मौसम राम्रो हुन्छ होला?

볼리　모우섬　람로　훈처　홀라?

날씨 좋죠?

मौसम राम्रो छ?

모우섬　람로　처?

기온에 대해서

더워요.

गर्मी छ।

거르미　처.

추워요.

जाडो छ।

자로 처.

바람은 부는데, 따뜻해요.

हावा चलेपनि न्यानो छ।

하와 쩔레뻐니 냐노 처.

햇볕은 좋은데, 좀 춥네요.

राम्रो घाम लागेता पनि अलि जाडो छ।

람로 감 라게따 뻐니 얼리 자로 처.

푹푹 찌는 날씨예요.

प्रचण्ड गर्मी छ।

쁘러쩐더 거르미 처.

날씨를 말할 때

날씨가 좋아요.

मौसम राम्रो छ।

모우섬 람로 처.

바람이 부네요.

हावा चल्छ।

하와 쩔처.

바람 한 점 없네요.

हावा चल्दैन।

하와 쩔더이너.

안개가 심해서 잘 안 보여요.

कुहिरो धेरै भएकोले देखिन्दैन।

꾸히로 데레 버에꼴레 데킨더이너.

비가 많이 와요.

पानी धेरै पर्छ ।

빠니 데레 뻘처.

눈이 와요.

हिउँ पर्छ ।

히우 뻘처.

해가 쨍쨍하네요.

घाम लाग्यो ।

감 라교.

오늘은 날이 참 맑아요.

आज धेरै सफा छ ।

아저 데레 서파 처.

날이 흐려요.

बादल लाग्छ ।

바덜 락처.

우박이 내리고 있어요.

असिना परेको छ ।

어시나 뻐레고 처.

문법 익히기 〈30〉 : 동사, 형용사 + एता पनि (애따 뻐니) ~어/아/여도

घाम लागेता पनि जाडो छ । 감라게따 뻐니 자로 처

(해가 나도 추워요.)

खाना खाएता पनि भोक लाग्यो । 카나카에따 뻐니 보그 라교

(밥을 먹어도 배가 고파요.)

चलचित्र हेरेता पनि दिक्का लाग्यो । 쩔찌뜨러헤레따 버니 딕까 라교

(영화를 봐도 심심해요.)

Tema

07

일상 표현

응용 대화 (7) 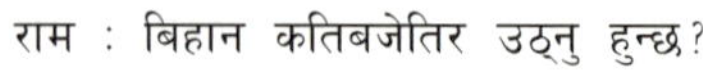 하루 일상을 이야기할 때

राम : बिहान कतिबजेतिर उठ्नु हुन्छ?

람 : 비하너 꺼띠버제띠러 우트누 훈처?

람 : 아침에 몇 시쯤 일어나세요?

निर : म बिहान सातबजेतिर उठ्छु।

니르 : 머 비하너 사트버제띠러 우트추.

니르 : 저는 아침 7시쯤 일어나요.

राम : बिहानको खानाकोलागी के खानु हुन्छ?

람 : 비하너꼬 카나꼴라기 께 카누 훈처?

람 : 아침 식사는 어떻게 하세요?

निर : रोटी खान्छु।

니르 : 로띠 칸추.

니르 : 빵을 먹어요.

राम : केमा अफीस जाने आउने गर्नु हुन्छ?

람 : 께마 오피스 자네 아우네 거르누 훈처?

람 : 출퇴근은 뭘로 하세요?

निर : बसमा जान्छु।

니르 : 버스마 잔추.

니르 : 버스 타고 다녀요.

राम : अनामनगर जानलाई कति नम्बरको
बस चढ्नु पर्छ?

람 : 어남너걸 자너라이 꺼띠 넘벌꼬 버스 쩌르누 뺄처?

람 : 어남너걸에 가려면 몇 번
버스를 타야 되나요?

निर : ११ नम्बरको बस चढ्नुस्।

니르 : 에가러 넘벌꼬 버스 쩌르누스.

니르 : 11번 버스를 타야 돼요.

राम : भाडा कति हो?

람 : 바라 꺼띠 호?

람 : 요금이 얼마예요?

निर : नौ रुपियाँ हो।

니르 : 너우 루피야 호.

니르 : 9루피예요.

राम : बिदामा के गर्नु हुन्छ?

람 : 비다마 께 거르누 훈처?

람 : 휴일에는 뭐하세요?

निर : सुत्छु र टिभी हेर्छु।

니르 : 수트추 러 티비 헤르추.

니르 : 잠을 자거나 TV를 봐요.

01 하루 생활

하루 생활을 묻고 답할 때

아침에 몇 시쯤 일어나세요?

बिहान कतिबजेतिर उठ्नु हुन्छ?

비하너　　꺼띠버제띠러　　우트누　훈처?

저는 아침 7시쯤 일어나요.

म बिहान सातबजेतिर उठ्छु।

머　비하너　　사트버제띠러　　우트추.

몇 시까지 출근해야 돼요?

कतिबजेसम्म आफीसमा जानु पर्छ?

꺼띠버제썸머　　　오피스마　　자누　뻘처?

9시까지 출근하면 돼요.

नौबजेसम्म जानु पर्छ।

너우버제썸머　　자누　뻘처.

아침 식사는 어떻게 하세요?

बिहान खानाकोलागी के खानु हुन्छ?

비하너　　카나꼴라기　　께　카누　훈처?

집에서 조금 먹거나 회사 식당에서 먹어요.

घरमा थोरै खान्छु र अफीसको भोजनालयमा खान्छु।

거르마 토레이　칸추　러　오피스꼬　　　보저날러여마　　칸추.

몇 시에 퇴근하세요?

कतिबजे अफीसबाट फर्कनु हुन्छ?

꺼띠버제　오피스바터　퍼르꺼누　훈처?

보통 7시쯤 퇴근해요.

प्रायः सातबजेतिर फर्कन्छु।

프라여   사트버제띠러   퍼르껀추.

출퇴근은 뭘로 하세요?

केमा अफीस जाने आउने गर्नु हुन्छ?

께마   오피스   자네   아우네 거르누 훈처?

운전해서 다녀요.

गाडीमा जान्छु।

가리마   잔추.

버스 타고 다녀요.

बसमा जान्छु।

버스마   잔추.

저녁 준비는 보통 누가 해요?

बेलुकाको खाना कसले बानाउनु हुन्छ?

벨루카꼬   카나   꼬슬레   버나우누   훈처?

제가 할 때도 있고, 남편이 할 때도 있어요.

कहिलेकहीं आफै गर्छु, कहिलैकहीं मेरो श्रीमानले गर्छ।

꺼힐레꺼히   앞퍼이 거르추,   꺼힐레꺼히   메로   쓰리만레   거르처.

저녁은 몇 시쯤 드세요?

बेलुकाको खाना कतिबजेतिर खानु हुन्छ?

벨루카고   카나   꺼띠버제띠러   카누   훈처?

8시 30분쯤 먹어요.

साढे आठबजेतिर खान्छु।

사레   아트버제띠러   칸추.

휴일에 대해 묻고 답할 때

휴일에는 뭐하세요?

बिदामा के गर्नु हुन्छ?

비다마 께 거르누 훈처?

잠을 자거나 TV를 봐요.

सुत्छु र टिभी हेर्छु।

수트추 러 티비 헤르추.

친구와 함께 운동장에서 축구를 해요.

साथीसंग चौंरमा फुटबल खेल्छु।

사티성거 쪼우르마 풋볼 켈추.

가족과 함께 영화를 보러 가요.

परिवारसंगै चलचित्र हेर्न जान्छु।

뻐리와르성거이 쩔찌뜨러 헤르너 잔추.

부모님을 뵈러 시골에 내려 가요.

आमाबुबा भेट्नलाई गाउँमा जान्छु।

아마부바 베트너라이 가우마 잔추.

문법 익히기 〈31〉 : 명사 + सम्म (썸머) ~까지

नौबजेसम्म जानु 너우버제썸머 자누 (9시까지 가다)

कहाँसम्म जानु 까하썸머 자누 (어디까지 가다)

भोलीसम्म 볼리썸머 (내일까지)

ठमेलसम्म 터멜썸머 (터멜까지)

⑫ 레스토랑

식당을 찾을 때

근처에 좋은 식당 있으면 소개해 주세요.

नजिकमा राम्रो भोजनालय छ भने भनि दिनुस् ।

너직마 람로 보저날러여 처 버네 버니 디누스.

저렴한 식당으로 추천해 주세요.

सस्तो भोजनालय छ भने सिफारिस गरि दिनुस् ।

서스또 보저날러여 처 버네 시파리스 거리 디누스.

조용한 분위기의 식당을 원해요.

शान्त भोजनालय मन पर्छ ।

산떠 보저날러여 먼 뻘처.

근처에 한국 음식점은 없나요?

नजिकमा कोरियाली भोजनालय छैन ?

너직마 코리알리 보저날러여 처이너?

식당을 예약할 때

예약이 가능합니까?

बुकिङ गर्न सक्छु ?

부킹 거르너 석추?

저녁 8시에 두 자리 부탁합니다.

बेलुका आठबजे दुइजनाको लागी बुकिङ गरि दिनुस् ।

벨루까　아트버제　두이저나꼴라기　부킹　거리　디누스.

예약이 되어 있습니다.

अघी अरु मान्छेले बुकिङ गऱ्यो ।

어기　어루　만첼레　부킹　거료.

6인용 테이블이 있어요?

छ जनाको लागी ठाउँ छ ?

처　저나꼴라기　타운　처?

창가로 예약해 주세요.

भ्यालको नजिकमा बुकिङ गरि दिनुस् ।

지알꼬　너직마　부킹　거리　디누스.

식당 입구에서

예약하셨습니까?

बुकिङ गर्नु भयो ?

부킹　거르누　버요?

미나 라는 이름으로 예약했습니다.

मिनाको नाममा अघी बुकिङ भयो ।

미나꼬　남마　어기　부킹　버요.

몇 분이시죠?

जम्मा कतिजना छन् ?

점마　꺼띠저나　천?

6명이에요.

छजना छन् ।

처 저나　천.

이쪽으로 오세요.

यतातिर आउनुस् ।

예따띠러 아우누스.

죄송합니다. 빈 자리가 없습니다.

माफ गर्नुस् । खाली सिट छैन ।

마프 거르누스. 칼리 시트 처이너.

얼마나 기다려야 돼죠?

कतिघण्टा पर्खनु पर्छ ?

꺼띠건따 뻐르커누 뻘처?

30분쯤 기다리셔야 할 겁니다.

आधाघण्टा पर्खनु पर्छ होला ।

아다 건따 뻐르커누 뻘처 홀라.

비흡연석에 앉게 해 주세요.

चुरात न खाने टाउँ दिनुस् ।

쭈롯 너 카네 타우 디누스.

메뉴를 물을 때

일행이 오면 주문하겠습니다.

अरु मान्छे आयो भने अर्डर गर्छु ।

어루 만체 아요 버네 오덜 거르추.

메뉴를 볼 수 있을까요?

मेनु हेर्न सक्छु ?

메뉴 헤르너 석추?

메뉴판 좀 가져다 주세요.

मेनु दिनुस् ।

메뉴 디누스.

메뉴 추천해 주세요.

राम्रो खाना सिफारिस गरी दिनुस् ।

람로 카나 시파리스 거리 디누스.

음식을 주문할 때

조금 이따 주문할게요.

एकछिन पछि अर्डर गर्छु ।

엑친 뻬치 오덜 거르추.

달밧 2인분 주세요.

दालभात दुइप्रेट दिनुस् ।

달밧 두이플랫 디누스.

쪼우민 한 그릇, 서모사 4개, 갈릭 난과 치킨 커리 주세요.

चाउमिन एकप्रेट, समोसा चारप्रेट, नान र छिकिनकरी दिनुस् ।

쪼우민 엑 플랫, 서모사 짜르플랫, 난 러 치킨커리 디누스.

저 사람과 같은 걸로 주세요.

मलाई पनि ।

멀라이뻬니.

와인도 한 병 주세요.

वाइन पनि एकबोतल दिनुस् ।

와인 뻬니 엑 보틀 디누스.

문법 익히기 〈32〉 : 명사 + र (러) ~와/과

दिदी र बहिनी 디디 러 버히니 (언니와 여동생)

किताब र कलम 끼탑 러 껄럼 (책과 볼펜)

बिहान र बेलुका 비하너 러 벨루까 (아침과 저녁)

주문에 문제가 있을 때

이것은 제가 주문한 요리가 아닌데요.

यो मैले अर्डर गरेको खाना होइन।

요 머일레 오덜 거레꼬 카나 호이너.

이 요리는 너무 짜요.

यो खाना चाहिं धेरै चर्को छ।

요 카나 짜히 데레 쩌르꼬 처.

너무 매운데요.

धेरै पिरो छ।

데레 삐로 처.

고기가 덜 익은 것 같아요.

मासु काँचो जस्तो लाग्यो।

마수 까쪼 저스토 라교.

음식을 먹으면서

빵을 좀더 주세요.

रोटी अझै दिनुस्।

로티 어저히 디누스.

한 병 더 주세요.

एक बोतल अझै दिनुस्।

엑 보틀 어저히 디누스.

물 좀 주세요.

खाने पानी दिनुस्।

카네 빠니 디누스.

스푼 새 걸로 바꿔 주세요.

चम्चा अर्को दिनुस् ।

쩜짜   어르꼬   디누스.

식사를 마칠 때

정말 맛있었습니다.

धेरै मिठो लाग्यो ।

데레   미토   라교.

고맙습니다만, 더는 못 먹겠어요.

धन्यबाद, तर अझै खान सकिन ।

던여받,   떠러 어저히   카너   서키너.

많이 먹었습니다.

धेरै खाएँ ।

데레   카에.

너무 많아서 조금 남겼어요.

खाना धेरै भएकोले अलिकति बाँकी छ ।

카나   데레   버에꼴레   얼리꺼띠   바끼처.

음식값을 계산할 때

계산서 주세요.

बिल दिनुस् ।

빌   디누스.

제가 낼게요.

म तिर्छु।

머 띨추.

이번에는 제 차례예요.

यो चोटी म तिर्छु।

요 쪼띠 머 띨추.

다음에는 당신 차례예요.

अर्को पटक तपाई दिनु होला।

어르꼬 뻐떡 떠빠이 디누 홀라.

 03 대중 교통

택시를 이용할 때

택시 타는 곳이 어디예요?

ट्याक्सी चढ्ने ठाउँ कहाँ हो ?

택시 쩌르네 타우 까하 호?

택시 좀 불러 주세요.

ट्याक्सी बोलाई दिनुस् ।

택시 볼라이 디누스.

중심가까지 요금은 얼마 정도 되나요?

सहरसम्म कतिमा जानु हुन्छ ?

서허르썸머 꺼띠마 자누 훈처?

미터로 가 주세요.

मिटरमा जानुस् ।

미터마 자누스.

200 루피에 가 주세요.

दुइसय रुपियाँमा जानुस् ।

두이서여 루피야마 자누스.

터멜까지 얼마나 걸려요?

ठमेलसम्म कति घण्टा लाग्छ ?

터멜썸머 꺼띠 건따 락처?

터멜로 가 주세요.

ठमेल जानुस् ।

터멜 자누스.

이 주소로 가 주세요.

यो ठेगानामा जानुस् ।

요   태가나마   자누스.

여기서 세워 주세요.

यहाँ रोकि दिनुस् ।

야하   로끼   디누스.

여기서 내릴게요.

म यहाँ ओर्लन्छु ।

머   야하   오를런추.

저기 앞에서 세워 주세요.

त्यहाँ रोकि दिनुस् ।

떼하   로끼   디누스.

요금은 얼마죠?

भाडा कति होला ?

바라   꺼띠   홀라?

문법 익히기 〈33〉 : 명사 + मा (마) ~에/에서

पोखरामा जानु 뽀커라마 자누 (포카라에 가다)

इस्कुलमा काम गर्नु 이스쿨마 깜 거르누 (학교에서 일하다)

कोरियाम बस्नु 코리아마 버스누 (한국에서 살다)

버스, 템포, 마이크로 버스 등을 이용할 때

버스 정류장이 어디예요?

बस स्टप कहाँ होला?

버스 스텁 까하 홀라?

이 버스는 어디로 가요?

यो बस कहाँसम्म जान्छ?

요 버스 까하썸머 잔처?

어남너걸에 가려면 몇 번 버스를 타야 되나요?

अनामनगर जानलाई कति नम्बरको बस चढ्नु पर्छ?

어남너걸 자너라이 꺼띠 넘벌꼬 버스 쩌르누 뻘처?

이 버스는 터멜까지 가나요?

यो बस ठमेलसम्म जान्छ?

요 버스 터멜썸머 잔처?

요금이 얼마예요?

भाडा कति हो?

바라 꺼띠 호?

다음 정거장에서 내려 주세요.

आउने स्टपमा रोकि दिनुस्।

아우네 스텁마 로끼 디누스.

항공기를 이용할 때

빠른 비행기편을 예약해 주세요.

सबैभन्दा छिटै जाने हवाईजहाज टिकट दिनुस्।

섭번다 치떠이 자네 허와이저하저 티켓 디누스.

비행기 예약을 확인하고 싶습니다.

हवाईजहाज टिकट निश्चित गर्न मन लाग्छ।

허와이저하저　　티켓　　니스찓 거르너 먼 락처.

이 예약을 취소해 주세요.

टिकट क्यानसिल गरी दिनुस्।

티켓　　껜슬　　거리 디누스.

예약을 변경하고 싶어요.

टिकट परिवर्तन गर्न चाहन्छु।

티켓　뻐리워르떤 거르너　짜헌추.

창쪽 자리로 예약하고 싶어요.

भ्याल नजीकको सिट बुकिङ्ग गरि दिनुस्।

지알　　너직꼬　　시트　부킹　거리 디누스.

짐은 전부 2개예요.

जम्मा दुइता झोला छन्।

점마　두이따　졸라　천.

주유소에서

차에 기름을 넣어야 해요.

गाडीमा तेल हार्नु पर्छ।

가리마　떼　할누　뻘처.

기름 10리터 넣어 주세요.

तेल दस लिटर हाली दिनुस्।

떼 더스 리터 할리 디누스.

기름을 가득 채워 주세요.

तेल पूरा हाली दिनुस्।

떼 뿌라 할리 디누스.

렌터카를 이용할 때

오토바이 한 대를 빌렸으면 합니다.

मोटर साइकल एउटा सापटी लिन चाहन्छु।

모토사이클　　요우따　　사뻐띠　리너　　짜헌추.

하루에 얼마입니까?

एक दिनको कति हो ?

엑딘꼬　　　　꺼띠　호?

이것이 제 국제면허증입니다.

यो मेरो अन्तर्राष्ट्रिय अनुमतिपत्र हो।

요　　메로　언떨라스뜨리여　어누머띠뻐뜨라　호.

보증금이 필요한가요?

एड्भान्सको लागी पैसा लाख्नु पर्छ ?

애드번스꼴라기　　　뻐이샤　라크누　뻘처?

사고가 날 경우에 연락할 수 있는 곳을 가르쳐 주세요.

दुर्घटना छ भने फोन लिन सक्ने नम्बर दिनुस्।

두르거떠나 처 버네　폰　리너　서크네　넘벌　디누스.

조심해서 운전하세요.

होस गरि गाडी चलाउनुस्।

호스 거리　가리　쩔라우누스.

04 은행

은행을 찾을 때

이 근처에 은행이 있습니까?
नजिकै बैंक छ?
너직꺼이 뱅크 처?

이 동네에 은행이 어디에 있어요?
यो एरियामा बैंक कहाँ होला?
요 에리아마 뱅크 까하 홀라?

어디에서 ATM 기계를 사용할 수 있습니까?
कुन ठाउँमा ATM कार्ड प्रयोग गर्न सकिन्छ?
꾼 타우마 ATM 까드 프러요그 거르너 서킨처?

은행 영업 시간을 확인할 때

은행은 몇 시에 문을 엽니까?
बैंक कतिबजे सुरु हुन्छ?
뱅크 꺼띠버제 수루 훈처?

은행은 몇 시까지 엽니까?
बैंक कतिबजेसम्म खुल्छ?
뱅크 꺼띠버제썸머 쿨 처?

언제 은행 문을 닫습니까?

कहिले बैंक बन्द हुन्छ?

꺼힐레 뱅크 번더 훈처?

토요일, 일요일에도 영업합니까?

शनीबार र आइतबार पनि खुल्छ?

써니바르 러 아이떠바르 뻐니 쿨 처?

환전할 때

오늘 환율이 어떻게 됩니까?

आज रेट कति होला?

아저 롓 꺼띠 홀라?

달러를 루피로 바꿀 때 환율이 어떻게 됩니까?

डलरलाई नेपाली रुपैयाँमा सदही रेट कति होला?

달러라이 네팔리 루피야마 서더히 랫 꺼띠 홀라?

1달러에 70루피입니다.

एक डलरको सत्तरी रुपैयाँ हो।

엑달러꼬 서떠리 루피야 호.

1000원에 70루피입니다.

एक हजारवनको सत्तरी रुपैयाँ हो।

엑허자르원꼬 서떠리 루피야 호.

어디서 환전할 수 있나요?

कुन ठाउँमा साट्न सकिन्छ?

꾼 타우마 사트너 서낀처?

이 여행자 수표를 현금으로 바꿔 주세요.

यो द्राभल चेकलाइ क्यासमा साटि दिनुस्।

요 트래블 쩩라이 캐스마 사티 디누스.

잔돈도 섞어 주십시오.

खुजुरा पनि दिनुस्।

쿠주라 뻬니 디누스.

100달러를 10달러 지폐로 바꿔주십시오.

सय डलरलाई दश दश डलरमा साटि दिनुस्।

서여 달러라이 더스 더스 달러마 사티 디누스.

계좌를 개설할 때

계좌를 개설하고 싶습니다.

खाता बनाउन मन लाग्छ।

카따 버나우너 먼 락처.

여권이나 신분증을 보여주세요.

पासपोर्ट वा परिचयपत्र देखाउनुस्।

빠스포뜨 와 뻐리쩌여뻐뜨러 데카우누스.

이 양식지 채워 주세요.

ये कागजमा लेखि दिनुस्।

요 까거지마 레키 디누스.

문법 익히기 <34> : 명사 + पनि (뻬니) ~도, 또한

सेक्रेट नम्बर पनि 시크릿 넘버 뻬니 (비밀번호도)

तपाई पनि 떠빠이 뻬니 (당신도)

कोरिया पनि 코리아 뻬니 (한국도)

이쪽 아래에 서명해 주세요.

यहाँ तल सही गरि दिनुस् ।

여하 떨러 서히 거리 디누스.

비밀 번호도 필요합니다.

सेक्रेट नम्बर पनि चाहिन्छ ।

시크렛 넘버 뻐니 짜힌처.

여기에 통장이 있습니다.

यहाँ बैंकको खाता छ ।

여하 뱅크꼬 카따 처.

입출금, 송금을 할 때

얼마를 입금하시겠습니까?

बैंकमा कति रुपैयाँ राख्नु हुन्छ ?

뱅크마 꺼띠 루피야 라크누 훈처?

1000달러를 입금하겠습니다.

एकहजार डलर राख्छु ।

엑허자르 달러 락추.

돈을 찾고 싶습니다.

पैसा निकाल्न मन लाग्छ ।

뻐이샤 니깔너 먼 락처.

ATM에 지폐를 입금할 수 있습니까?

ATM मा पैसा राख्न सक्छ ?

ATM 마 뻐이샤 라크너 석처?

제 계좌에 잔고가 어떻게 되죠?

मेरो खातामा पैसा छ ?

메로 카따마 뻐이샤 처?

이체를 할 수 있습니까?

अर्को खातामा पैसा पठाउन सक्छ?

어르꼬　카따마　뻐이샤　뻐타우너　석추?

저는 한국으로 송금하고 싶습니다.

मलाई कोरियामा पैसा पठाउन मन छ।

멀라이　코리아마　뻐이샤　뻐타우너　먼　처.

이체를 원하시는 금액이 얼마입니까?

कति रुपैयाँ पठाउनु हुन्छ?

꺼띠　루피야　뻐타우누　훈처?

30만원을 이체하겠습니다.

तीन लाख पठाउँछु।

띤락　　　뻐타운추.

여기에 고객님의 돈을 받을 수 있는 은행을 써 주세요.

यहाँ तपाईंले पैसा पठाउने बैंकको ठेगाना दिनुस्।

여하　떠빠이레　뻐이샤　뻐타우네　뱅크꼬　태가나　디누스.

여기에 수취인의 구좌번호를 써 주세요.

यहाँ पैसा लिने मान्छेको खाताको नम्बर लेखि दिनुस्।

여하　뻐이샤　리네　만체꼬　카따꼬　넘벌　레키　디누스.

일주일 후에 돈이 도착할 것입니다.

एकहप्ता पछि पैसा पुग्छ होला।

엑헙따　뻐치　뻐이샤　북처　홀라.

문법 익히기 〈35〉 : 명사 + **पछि** (뻐치) ~후에, 다음에

एक हप्ता पछि 엑 헙따 뻐치 (일주일 후에)

एक महिना पछि 엑 머히나 뻐치 (한 달 뒤에)

एक घण्टा पछि 엑 건따 뻐치 (한 시간 뒤에)

우체국을 찾을 때

우체국은 어디입니까?

हुलाक कहाँ छ?

훌락 까하 처?

우체국은 여기에서 버스로 5분 거리에 있습니다.

हुलाक यहाँबाट बसमा पाँच मिनेट लाग्छ।

훌락 야하바터 버스마 빠쯔 미니트 락처.

가장 가까운 우체국은 어디입니까?

सबैभन्दा नजिक हुलाक कहाँ छ?

서버이번다 너직 훌락 까하 처?

걸어서 가면 얼마나 걸립니까?

हिँडेर गयो भने कति समय लाग्छ?

히데러 거요 버네 꺼띠 서머야 락처?

우표를 살 때

우체국에서 우표를 살 수 있습니까?

हुलाकमा हुलाक टिकट किन्न सकिन्छ?

훌락마 훌락 티켓 낀너 서킨처?

어디에서 우표를 삽니까?

कहाँ हुलाक टिकट पाइन्छ?

까하 훌락 티켓 빠인처?

2번 창구에서 팝니다.

दुई नम्बरको काउनटरमा बेच्छ।

두이 넘벌꼬 카운터마 베쯔처.

우표 한 장에 얼마입니까?

टिकट एउटाको कति हो?

티켓 요우따꼬 꺼띠 호?

한 장에 9루피입니다.

एउटाको नौ रुपियाँ हो।

요우따꼬 너우 루피야 호.

우표 5장을 주세요.

टिकट पाँचवटा दिनुस्।

티켓 빠쯔워타 디누스.

편지, 소포를 부칠 때

이 편지를 등기로 부쳐 주세요.

यो चिठ्ठी रजिष्टर गरि दिनुस्।

요 찌띠 러지스떨 거리 디누스.

한국에 도착하는 데 몇 일 걸립니까?

कोरियामा पुग्नलाई कति दिन लाग्छ?

코리아마 부그너라이 꺼띠 딘 락처?

이 편지를 항공편으로 보내 주세요.

यो चिठ्ठी हवाईजहाजमा पठाई दिनुस्।

요 찌띠 허와이저하저마 뻐타이 디누스.

얼마입니까?

कति हो?

꺼띠 호?

이 소포를 등기로 부쳐 주세요.

यो पासेल रजिष्टर गरि दिनुस्।

요 빠셀 러지스떨 거리 디누스.

소포 안에는 무엇이 있습니까?

पासेलको भित्र के छ?

빠셀꼬 비뜨러 께 처?

소포 안에는 책과 옷이 있습니다.

पासेलको भत्र किताब र कपास छ।

빠셀꼬 비뜨러 기탑 러 꺼빠스 처.

중량이 조금 초과됩니다. 돈을 더 지불하셔야 합니다.

तौल आलि भढी भयो। पैसा अझै दिनु पर्छ।

떠울 얼리 버리 버요. 뻐이샤 어저히 디누 뻘처.

이 소포는 2주일이면 한국에 도착할 것입니다.

यो पासेल दुईहप्ता भित्रै कोरियामा पुग्छ होला।

요 빠셀 두이헙따 비뜨러이 코리아마 북처 홀라.

06 이발과 미용

이발소에서

머리를 어떻게 깎아 드릴까요?

कपाल कस्तो काट्ने हो ?

꺼빨 꺼스또 까뜨네 호?

좀 짧게 깎아 주세요.

अलि छोट्टो काटी दिनुस् ।

얼리 촛또 까띠 디누스.

조금만 깎아 주세요.

अलिकति मात्रै काटी दिनुस् ।

얼리꺼띠 마뜨러이 까띠 디누스.

앞머리는 깎지 말고 남겨 주세요.

अगाडीको कपाल न काटी दिनुस् ।

어가리꼬 꺼빨 너 까띠 디누스.

옆은 짧게 깎아 주세요.

छेउको कपाल छोट्टो काटी दिनुस् ।

채우꼬 꺼빨 초또 까띠 디누스.

머리를 감겨 주세요.

कपाल धोइ दिनुस् ।

꺼빨 도이 디누스.

머리 감으러 이쪽으로 오세요.

कपाल धुनलाई यतातिर आउनुस् ।

꺼빨 두너라이 여따띠러 아우누스.

미용실에서

우선, 머리를 감겨 드리겠습니다.

पहिले कपाल धोई दिन्छु।

뻐힐레　꺼빨　도이　딘추.

이쪽으로 오세요.

यतातिर आउनुस्।

여따띠러　아우누스.

머리를 어떻게 해 드릴까요?

कपाल के गर्ने हो?

꺼빨　께 거르네 호?

살짝만 다듬어 주세요.

तलको कपाल मात्रै अलिकति काटी दिनुस्।

떨러꼬　꺼빨 마뜨러이 얼리꺼띠　까띠　디누스.

짧게 잘라 주세요.

छोट्टो काटी दिनुस्।

초또　까띠　디누스.

파마를 해 주세요.

फम गरी दिनुस्।

펌　거리　디누스.

파마 어떻게 해 드릴까요?

फम कसरी गरी दिउँ?

펌　꺼서리　거리　디웅?

굵게 해 주세요.

मोटो गरी दिनुस्।

모또　거리　디누스.

곧게 펴 주세요.

सीधा बनाई दिनुस् ।

시다　버나이　디누스.

염색도 해 주세요.

टिप्पी गरी दिनुस् ।

띱삐　거리　디누스.

무슨 색으로 해 드릴까요?

कुन रङ्ग लगाउनु हुन्छ ?

꾼　렁　러가우누　훈처?

갈색으로 해 주세요.

कैलो रङ्ग गरी दिनुस् ।

꺼일로　렁　거리　디누스.

매니큐어를 하시겠습니까?

म्यानिक्योर् पनि गरी दिऊँ ?

매니큐어　뻐니　거리　디웅?

문법 익히기 〈36〉 : न (너) + 동사 ~하지 않다

न सोच्नु 너 소쯔누 (생각하지 않다)

न बोल्नु 너 볼누 (말하지 않다)

न खानु 너 카누 (먹지 않다)

세탁소

세탁물을 맡길 때

이 옷을 좀 다려 주세요.

यो कपडा आइरन गरी दिनुस् ।

요　꺼뻐라　아이런　거리　디누스.

단추가 떨어졌습니다. 붙여 주세요

टाँक भ्रेछ। लगाइ दिनुस् ।

따끄　저레처.　러가이　디누스.

찢어진 곳을 꿰매 주세요.

उद्रेको कपडा तानी दिनुस् ।

우드레꼬　꺼뻘라　따니　디누스.

이 얼룩을 없애 주세요.

यो कस हटाई दिनुस् ।

요　꺼스　허따이　디누스.

며칠 걸릴까요?

कति दिन लाग्छ होला ?

꺼띠　딘　락처　홀라?

하루면 됩니다. 내일 이 시간에 다시 오세요.

एकदिन लाग्छ। भोली यो समयमा फेरी आउनुस् ।

엑딘　락처.　볼리　요　서머야마　페리　아우누스.

세탁물을 찾을 때

제 세탁물이 나왔나요?

मेरो कपडा भयो?

메로 꺼뻐라 버요?

영수증을 주세요. 찾아 드리겠습니다.

बील दिनुस्। म खोजी दिन्छु।

빌 디누스. 머 코지 딘추.

이 얼룩은 없앨 수가 없습니다.

यो कस हटाउन सिकिन।

요 꺼스 허따우너 서끼너.

새 단추 가격을 지불하셔야 합니다.

नयाँ टाँकको मूल्या दिनु पर्छ।

너야 따끄꼬 물랴 디누 뻴처.

08 부동산과 관공서

부동산 중개소에서

전 방 3개까지 집을 원합니다.

म तिन कोठा भएको घर खोज्दै छु।

머 띤 고타 버에꼬 거르 코즈더이 추.

전 욕실이 2개인 집을 원합니다.

म दुइटा चर्पी भएको घर खोज्दै छु।

머 두이따 쩔삐 버에꼬 거르 코즈더이 추.

해가 잘 드는 방을 원합니다.

म घाम राम्री लाग्ने कोठा चहन्छु।

머 감 람러리 라그네 고타 짜헌추

지금 방을 볼 수 있을까요?

अहिले कोठा हेर्न सक्छु?

어힐레 고타 헤르너 석추?

방은 언제 볼 수 있을까요?

कहिले कोठा हेर्न सक्छु?

꺼힐레 고타 헤르너 석추?

임대는 얼마입니까?

घरभाडा कति होला?

거르바라 꺼띠 홀라?

보증금은 얼마입니까?

एड्भान्सको लागी अहिले कति पैसा लाग्नु पर्छ?

애드번스꼴라기 어힐레 꺼띠 뻐이샤 라크누 뻘처?

관공서에서

무엇을 도와 드릴까요?

के सहयोग गरी दिऊँ?

께 서허욕 거리 디우?

무슨 일이신가요?

के काम छ?

께 깜 처?

앉아서 잠시만 기다려 주세요.

बसेर एकछिन पर्खनुस् ।

버세러 엑친 뻐르커누스.

성함과 주소를 알려 주세요.

तपाईंको शुभनाम र ठेगाना भनि दिनुस् ।

떠빠이꼬 수버남 러 태가나 버니 디누스.

이 양식을 채워 주세요.

यो कागज लेखी दिनुस् ।

요 까거즈 레키 디누스.

비자 연장하려면 얼마나 걸릴까요?

भिसा थप गर्नलाई कति दिन लाग्छ?

비자 텁 거르너라이 꺼띠 딘 락처?

Tema

긴급 표현

응용 대화 (8) 병원에서

डाटर : के बिरामी पर्नु भयो ?
께 비라미 뻐르누 버요?

बिरामी : टाउको दुख्छ ।
따우꼬 둑처.

डाटर : दुखेको कति भयो ?
두케꼬 꺼띠 버요?

बिरामी : चार दिन भयो ।
짜르딘 버요.

डाटर : मुख खोल्नुस् ।
묵 콜누스.

अरु लक्षण छैन ?
어루 러치어너 처이너?

बिरामी : रिँगटा पनि लाग्छ ।
링거따 뻐니 락처.

डाटर : रुघा लागेकोले आराम गर्नुस् ।
루가 라게꼴레 아람 거르누스.

औषधीको प्रिस्कृप्सन लिनुहोस् ।
어우샤디꼬 프리스크립션 리누호스.

खाना खाए पछि यो औषधी खानुस् ।
카나 카에 버치 요 어우샤디 카누스.

बिरामी : कति वटा खानु पर्छ ?
꺼띠 워따 카누 뻘처?

डाटर : दिनको एकचक्कि एउटा खानुस् ।
엑딘마 엑쪼끼 요우따 카누스.

एकहप्ता पछि फेरी आउनुस् ।
엑헙따 뻐치 페리 아우누스.

의사 : 어디가 아픈가요?

환자 : 머리가 아파요.

의사 : 아픈 지 얼마나 됐어요?

환자 : 4일 됐어요.

의사 : 입을 벌려보세요.

다른 증상은 없어요?

환자 : 어지러워요.

의사 : 감기니까 쉬세요.

약을 처방해 드릴게요.

식후에 이 약을 드세요.

환자 : 몇 알을 먹어야 합니까?

의사 : 하루에 한 번, 한 알이요.

일주일 뒤에 다시 오세요.

 난처한 상황

난처할 때

무슨 일인가요?

के भयो ?

께 버요?

여권을 분실했어요.

पासपोर्ट हरायो ।

빠스뽀르뜨 허라요.

도둑이 제 카메라를 훔쳐갔어요.

चोरले मेरो क्यामेरा चोऱ्यो ।

쪼를레 메로 캬메라 쪼르요.

신용카드를 잃어버렸어요.

क्रेडिट कार्ड हरायो ।

크레딧 카드 허라요.

제 차가 길 한가운데서 고장이 났어요.

मेरो गाडी बिच बाटोमा बिग्रियो ।

메로 가리 비쯔 바토마 비그리요.

전기가 나갔어요.

बत्ती गयो ।

버띠 거요.

샤워하고 있는데 물이 끊겼어요.

नुहाउने बेलामा पानी बन्द भयो ।

누하우네 벨라마 빠니 번더 버요.

열쇠를 잃어버렸어요.

साँचो हरायो ।

사쪼　　허라요.

말이 통하지 않을 때

한국어 하는 사람을 불러 주세요.

कोलियन भाषामा कुरा गर्न सक्ने मान्छे बोलाई दिनुस् ।

코리안　　　　바사마　　꾸라 거르너 서크네　만체　　볼라이　　디누스.

다른 사람 없어요?

अरु मान्छे हुनुहुन्न ?

어루　　만체　　후누훈너?

누가 영어를 할 수 있나요?

कसले अंग्रेजीमा बोल्न सक्नु हुन्छ ?

꼬슬레　엉그리지마　　볼너　서크누　훈처?

저는 네팔어를 잘 못 해요.

म नेपाली भाषामा कुरा गर्न सक्दिन ।

머　네팔리　　바사마　　꾸라 거르너 석디너.

무슨 말씀인지 이해 못 하겠어요.

तपाईंको कुरा बुझिन ।

떠빠이꼬　　꾸라　　부지너.

천천히 말씀해 주세요.

बिस्तारै भनि दिनुस् ।

비스따러이　버니　　디누스.

써 주실 수 있으세요?

लेखि दिन सक्नु हुन्छ ?

레키　　디너　서크누　훈처?

위급한 상황일 때

문 좀 열어 주세요.

ढोका खोली दिनुस् ।

도카 콜리 디누스.

위험해요.

खतरा छ ।

꺼떠라 처.

의사 좀 불러 주세요.

डाक्टर बोलाई दिनुस् ।

닥터르 볼라이 디누스.

경찰 좀 불러 주세요.

प्रहरी बोलाई दिनुस् ।

프러허리 볼라이 디누스.

구급차 좀 불러 주세요.

एम्बुलेन्स बोलाई निनुस् ।

앰뷰렌스 볼라이 디누스.

도둑이야.

चोर !

쪼르

도움을 요청할 때

도와 주세요.

सहयोग गरी दिनुस् ।

서허욕 거리 디누스.

도움이 필요해요.

मलाई सहयोग चाहिन्छ।

멀라이　서허욕　짜인처.

이 근처에 경찰서가 어디에 있어요?

नजिकमा प्रहरी अफीस कहाँ छ?

너직마　프러허리　오피스　까하　처?

의사 있나요?

यहाँ डाक्टर छ?

야하　닥터르　처?

제 친구에게 연락 좀 해 주세요.

मेरो साथिलाई फोन गरी दिनुस्।

메로　사티라이　폰　거리　디누스.

핸드폰이 없어요. 한 번만 써도 될까요?

मसग मबाइल फोन छैन। म एकचोटी प्रयोग गर्न सक्छु?

머성거　모바일폰　처이너. 머　엑쪼띠　프러요그 거르너 석추?

문법 익히기 〈37〉 : 명사 + **को बारेमा** (꼬 바레마) ~에 대해서

नेपालको बारेमा 네팔꼬 바레마 (네팔에 대해서)

कामको बारेमा 깜꼬 바레마 (일에 대해서)

जिबनको बारेमा 지븐꼬 바레마 (인생에 대해서)

02 분실과 도난

분실했을 때

가방을 잃어 버렸어요.
झोला हरायो ।
졸라　허라요.

버스에 지갑을 두고 내렸어요.
बसमा पर्स लाखेर ओर्लिएँ ।
버스마　펄스　라케러　오를리에.

여권을 잃어 버렸어요.
पासपोर्ट हरायो ।
빠스보르뜨　허라요.

비행기표를 잃어 버렸어요.
प्लेन टिकट हरायो ।
플렌　티켓　허라요.

분실 신고를 하고 싶어요.
हराएको सामान उजुर गर्न चाहन्छु ।
허라에꼬　사만　우주르　거르너　짜헌추.

어디서 분실 신고를 하죠?
हराएको सामान उजुर गर्ने ठाउँ कहाँ छ ?
허라에꼬　사만　우주르　거르네　타우　까하　처?

도난 당했을 때

지갑을 도난당했어요.

पर्स चोयो ।

펄스　쪼르요.

신용카드가 없어졌어요.

क्रेडिट कार्ड चोयो ।

크레딧　카드　쪼르요.

도난 신고를 할 때

경찰에 알리고 싶습니다.

प्रहरीमा भन्न चाहन्छु ।

프러허리마　번너　짜헌추.

도난 증명서를 만들어 주세요.

हराएको भनेर एउटा चिठी बनाई दिनुस् ।

허라에꼬　버네러　요우따　찌띠　버나이　디누스.

 03 교통사고

예약할 때

진료를 받고 싶습니다.

मलाई डाकटर भेट्न चाहन्छु।

멀라이　닥터　베트너　짜헌추.

내일 오후에 의사 선생님과 약속을 잡을 수 있을까요?

म भोली दिउँसोतिर डाक्टर भेट्न सक्छु?

머　볼리　디우소띠러　닥터　베트너　석추?

의사 선생님께 언제 진료를 받을 수 있을까요?

म कहिले डाक्टर भेट्न सक्छु?

머　꺼힐레　닥터　베트너　석추?

병원 접수 창구에서

무엇을 도와 드릴까요?

के सहयोग गरि दिउँ?

께　서허욕　거리　디우?

몇 시에 예약하셨습니까?

कति बजे डाक्टर भेट्ने बुकिङ गर्नु भयो?

꺼띠　버제　닥터　베트네　부킹　거르누　버요?

처음 오셨나요?

यो पहिलेचोटी हो?

요 뻐힐레 쪼띠 호?

병원에 오신 적 있으신가요?

पहिला पनि अस्पतालमा आउनु भएको थियो?

뻐힐라 뻐니 어스퍼탈마 아우누 버에꼬 티요?

환자의 성함이 어떻게 되시죠?

तपाईको शुभनाम के हो?

떠빠이꼬 수버남 께 호?

건강 보험은 가지고 계신가요?

स्वास्थ्य बिमा छ?

스와스티어 비마 처?

증상을 물을 때

어디가 아픈가요?

कहाँ दुख्छ?

까하 둑처?

증상이 어떠신가요?

लक्षण कस्तो छ?

러치어너 꺼스또 처?

아픈 지 얼마나 되었나요?

दुखेको कति भयो?

두케꼬 꺼띠 버요?

언제부터 아팠나요?

कहिलेदेखी दुखेको हो?

꺼힐레데끼 두케꼬 호?

어지러우세요?

रिंगटा लाग्छ?

링거따　락처?

가슴에 통증이 있나요?

छाटी दुख्छ?

차띠　둑처?

다른 증상이 있나요?

अरु लक्षण छ?

어루 러치어너　처?

증상에 대해 대답할 때

기운이 없어요.

कमजोर छु।

껌졸　추.

몸 상태가 안 좋아요.

अलि फ्रेस छुइन।

얼리 프레스　추이너.

감기에 걸렸어요.

रुघा लाग्यो।

루가　라교.

머리가 아파요.

टाउको दुख्यो।

따우꼬　두쿄.

토할 것 같아요.

बान्टा लाग्यो।

반따　라교.

배가 아파요.

पेट दुख्यो।

뺏 두쿄.

설사를 해요.

पखाला लाग्यो।

뻐칼라 라교.

열과 기침이 나요.

ज्वरो र खकार आयो।

조로 러 커까르 아요.

피부가 가려워요.

छाला चिलायो।

찰라 찔라요.

몸이 춥고 떨려요.

जाडोले जिउ काप्यो।

자롤레 지우 깝뽀.

발목이 부었어요.

गोलीगाँठो सुन्निएको छ।

골리가토 순니애꼬 처.

문법 익히기 〈38〉 : 명사 + **जस्तो** (저스또) ~같다

동사, 형용사 + **जस्तो** (저스또) ~한 것 같다

मेरो भाइ जस्तो छ। 메로 바이 저스또 처 (내 동생 같다)

आँसु आए जस्तो लाग्यो। 아수 아애 저스또 라교 (눈물이 날 것 같다)

मासु काँचो जस्तो लाग्यो। 마수 까쪼 저스또 라교 (고기가 덜 익은 것 같다)

숨쉴 때, 여기가 아파요.

सास फेर्दा, यहाँ दुख्छ।

사스 펠다, 여하 둑처.

걸을 때, 여기가 아파요.

हिड्दा, यहाँ दुख्छ।

히르다, 여하 둑처.

계단에서 넘어졌어요.

भ्याङ्बाट लडें।

버랭바터 러렝.

검사할 때

입을 벌려보세요.

मुख खोल्नुस्।

묵 콜누스.

혀를 내밀어 보세요.

जिब्रो देखाउनुस्।

지브로 데카우누스.

숨을 내쉬세요.

लामो सास फेर्नुस्।

라모 사스 펠누스.

체온을 재겠습니다.

शरीरको तापक्रम नाप्छु।

서리르꼬 따뻐끄럼 납추.

소매를 걷으세요.

बाहुलो माथि सार्नुस्।

바훌로 마티 사르누스.

엑스레이를 찍겠습니다.

एक्से गर्नुस् ।

엑스레이 거르누스.

소변을 여기에 담아 오세요.

पिसाप यसमा लिएर आउनुस् ।

삐삽 여스마 리에러 아우누스.

일주일 후에 결과를 받을 수 있습니다.

एकहप्ता पछि नतिजा हेर्न सक्नु हुन्छ ।

엑헙따 뻐치 너띠자 헤르너 석크누 훈처.

외과에서

상처에 피가 납니다.

घाउमा रगत आयो ।

가우마 러것 아요.

팔이 부러졌어요.

हात भाँचियो ।

핫 바찌요.

상처를 꿰매야 합니다.

घाउ सिलाउनु पर्छ ।

가우 실라우누 뻘처.

7일 후에 실을 뽑겠습니다.

सात दिन पछि टाँका निकाल्नुस् ।

사트딘 뻐치 따까 니깔누스.

치과에서

이가 아픕니다.

दाँत दुख्यो।

닷   두쿄.

이가 썩었어요.

दाँत बिग्रियो।

닷   비그리요.

이가 흔들려요.

दाँत हल्लियो।

닷   헐리요.

이를 뽑아야 합니다.

दाँत निकाल्नु पर्छ।

닷   니깔누   뽈처.

안과에서

눈이 아파요.

आँखा दुख्यो।

아카   두쿄.

눈이 충혈되었어요.

आँखाको भित्र रातो भयो।

아까꼬   비뜨러   라또   버요.

눈이 따끔해요.

आँखा पोल्यो।

아카   뽈료.

이비인후과에서

감기에 걸렸어요.
रुघा लाग्यो।
루가 　 라교.

목이 아픕니다.
घाँटी दुख्यो।
가띠 　 두쿄.

목이 부었어요.
घाँटी सुन्निएको छ।
가띠 　 순니에꼬 　 처.

귀에서 소리가 나요.
कानमा आवाज आउँछ।
깐마 　 아와즈 　 아운처.

코가 막혔어요.
नाक बन्द छ।
낙 　 번더 　 처.

콧물이 계속 나와요.
सिंघान संधै आउँछ।
싱간 　 서더이 　 아운처.

환자의 상태를 물을 때

얼마나 안정을 취해야 합니까?
बिरामीले कहिलेसम्म आराम गर्नु पर्छ?
비라밀레 　 꺼힐레썸머 　 아람 　 거르누 뻘처?

결과가 어떻습니까?

नतिजा कस्तो छ?

너띠자　꺼스토　처?

상당히 좋습니다.

धेरै राम्रो छ।

데레　람로　처.

여전히 좋지 않습니다.

अझ राम्रो छैन।

어저　람로　처이너.

회복하려면 얼마나 걸릴까요?

सन्चो हुनलाई कति समय लाग्छ होला?

선쪼　후너라이　끼띠　서머야　락처　홀라?

3일 정도 걸릴 겁니다.

तिन दिन जति लाग्छ होला।

띤딘　저띠　락처　홀라.

의사 처방

주사를 맞으세요.

सुई लगाउनु पर्छ।

수이　러가우누　뻘처.

약을 처방해 드리겠습니다.

औषधीको प्रिस्क्रिप्सन लिनुहोस्।

어우샤디꼬　프리스크립션　리누호스.

식후에 이 약을 드세요.

खाना खाए पछि यो औषधी खानुस्।

카나　카에　버치　요　어우샤디　카누스.

식전에 이 약을 드세요.

खाना खानु भन्दा अगाडी यो औषधी खानुस्।

카나 카누 번다 어가리 요 어우샤디 카누스.

하루 약을 3번 먹어야 합니다.

एकदिनमा तीनचोटी खानु पर्छ।

엑딘마 띤쪼띠 카누 뻘처.

몇 알을 먹어야 합니까?

कति वटा खानु पर्छ?

꺼띠 워따 카누 뻘처?

하루에 한 번, 한 알을 드세요.

दिनको एकचक्क एउटा खानुस्।

딘꼬 엑쪼끼 요우따 카누스.

물을 많이 드세요.

पानी धेरै खानुस्।

빠니 데레 카누스.

오늘은 아무것도 먹어서는 안 됩니다.

आज केही पनि न खानुस्।

아저 께히뻐니 너 카누스.

문법 익히기 〈39〉 : 동사 + नु भन्दा अगाडी 누 번다 어가리 (~기 전에)

खाना खानु भन्दा अगाडी 카나 카누 번다 어가리 (밥을 먹기 전에)

इस्कुलमा जानु भन्दा अगाडी। 이스쿨마 자누 번다 어가리 (학교에 가기 전에)

घुम्नु भन्दा अगाडी 굼누 번다 어가리 (여행가기 전에)

하루종일 쉬세요.

दिनभरी आराम गर्नुस् ।

딘버리　　아람　거르누스.

처방전을 갖고 약국으로 가세요.

औषधीको प्रिस्कृप्सन लिएर औषधी पसलमा जानुस् ।

어우샤디꼬　프리스크립션　리에러　어우샤디　뻐설마　자누스.

일주일 뒤에 다시 오세요.

एकहप्ता पछि फेरी आउनुस् ।

엑헙따　뻐치　페리　아우누스.

Tema

여행 표현

응용 대화 (9) 쇼핑하기

साहुजी : के सहयोग गरी दिउँ?
께 서허욕 거리 디웅?

पाहुना : झोला देखाई दिनुस्।
졸라 데카이 디누스.

साहुजी : कुन रङ्ग मन पर्छ?
꾼렁 먼 뻘처?

पाहुना : पहेंलो रङ्गको दिनुस्।
뻐헬로 렁꼬 디누스.

साहुजी : लिनुस्।
리누스.

पाहुना : अलि सानो चाहिँ छैन?
얼리 사노 짜히 처이너?

साहुजी : छ। एकछिन पर्खनुस्।
처. 액친 뻐르거누스.

पाहुना : अरु चित्र छैन?
어루 찌뜨러 처이너?
चित्र धेरै समान्य छ।
찌뜨러 데레 사만녀 처.

साहुजी : यो मात्रै हो।
요 마뜨러이 호.

पाहुना : अरु चित्र कहिले आउछ होला?
어루 찌뜨러 꺼힐레 아운처 홀라?

साहुजी : दुइ दिन पछि।
두이 딘 뻐치.

पाहुना : त्यसोभए म फेरी आउछु।
데소버에 머 페리 아운추.

주인 : 무엇을 도와드릴까요?

손님 : 가방 좀 보여 주세요.

주인 : 어떤 색을 원하십니까?

손님 : 노란색으로 주세요.

주인 : 여기 있어요.

손님 : 더 작은 것은 없나요?

주인 : 있어요. 잠시만요.

손님 : 다른 디자인 없나요?

디자인이 너무 밋밋해요.

주인 : 이것밖에 없네요.

손님 : 다른 디자인 언제 들어와요?

주인 : 이틀 뒤에요.

손님 : 그럼 그때 다시 올게요.

항공권을 구할 때

다음주 일요일에 한국행 항공을 예약하고 싶습니다.

आउने आइतबार कोरियामा जाने हवाइजहाज बुकिङ्ग गर्न चाहन्छु।

아우네 아이떠바르 코리아마 자네 허와이저하저 부킹 거르너 짜헌추.

9월 10일 포카라행 표를 예약하고 싶습니다.

सेप्टेम्बर दस तालिकमा पोखरा जाने टिकट किन्न चाहन्छु।

셉템버 더스딸릭마 포카라 자네 티켓 킨너 짜헌추.

한국으로 가는 다음 비행기는 언제 떠납니까?

कोरिया जाने हवाइजहाजको अर्को टिकटकहिले होला?

코리아 자네 허와이저하저꼬 어르꼬 티켓 꺼힐레 홀라?

아직 좌석이 남아 있습니까?

सिट छ होला?

시트 처 홀라?

한국행 다른 비행기 편을 알아봐 주세요.

कोरिया जाने अरु हवाइजहाज कुन होला?

코리아 자네 어루 허와이저하저 꾼 홀라.

포카라로 갈 수 있는 가장 이른 비행기 표를 제게 주세요.

पोखरा सबैभन्दा छिट्टै जाने हवाइजहाज टिकट दिनुस्।

포커라 서버이번다 치또 자네 허와이저하저 티켓 디누스.

편도입니까 아니면 왕복입니까?

जानलाई मात्र कि आउने पनि?

자너라이 마뜨러 끼 아우네 뻐니?

언제 출발을 원하십니까?

कहिले जान चाहनु हुन्छ?

꺼힐레 자너 짜허누 훈처?

어떤 등급의 좌석을 원하십니까?

कुन लेभलको सिट मन पर्छ?

꾼 레벨꼬 시트 먼 뻘처?

오늘의 모든 항공권이 예약되었습니다.

आजको सबै टिकट बुकिङ गरि सक्यो।

아저꼬 섭버이 티켓 부킹 거리 서쿄.

대기자로 넣어 드리겠습니다.

पर्खन सक्नु हुन्छ भने तपाईंको नाम पनि फिरिस्तमा बुकिङ राखि दिन्छु।

뻐르커너 서크누 훈처 버네 떠빠이꼬 남 뻐니 피리스떠마 부킹 라키 딘추.

환승을 해야 합니까?

द्रान्जिट गर्नु पर्छ?

트란짓 거르누 뻘처?

어디에서 공항세를 지불합니까?

कहाँ गएर विमानस्थलको कर तिल्नु पर्छ?

까하 거에러 비만스털꼬 꺼르 띨누 뻘처?

창가 쪽으로 앉고 싶습니다.

भ्यालको नजिकमा बस्न चाहन्छु।

지알꼬 너직마 버스너 짜헌추.

복도 쪽으로 앉고 싶습니다.

बिचको सिटमा बस्न चाहन्छु।

비쯔꼬 시트마 버스너 짜헌추.

예매를 취소하고 싶습니다.

बुकिङ क्यानसिल गर्न चाहन्छु।

부킹 깬슬 거르너 짜헌추.

비행기는 몇 시에 출발합니까?

हवाइजहाज कति बजे सुरु हुन्छ ?

허와이저하저　꺼띠　버제 수루　훈처?

비행은 몇 시간이 걸립니까?

उडानकोलागी कति समय लाग्छ ?

우란꼴라기　꺼띠　서머야　락처?

몇 시에 도착합니까?

कति बजे भुगिन्छ होला ?

꺼띠　버제　부긴처　홀라?

경유 시간이 얼마나 되나요?

द्रान्जिट समय कति लाग्छ ?

트란짓　서머여　꺼띠　락처?

어디에서 경유하나요?

द्रान्जिट कहाँ होला ?

트란짓　까하　홀라?

어느 만큼의 짐을 비행기 내로 들고갈 수 있습니까?

हवाइजहाजमा कति किलो सम्म लगेज लान किन्छ ?

허와이저하저마　꺼띠　킬로　썸머　러게즈　라너　서킨처?

문법 익히기 〈40〉 : 동사, 형용사 + **ने** (네) ~은/는

कोरिया जाने हवाइजहाज 코리아 자네 허와이저하저 (한국 가는 비행기)

नेपालमा आउने कारण 네팔마 아우네 까럴 (네팔에 오는 이유)

घुम्ने ठाउँ 굼네 타웅 (여행가는 곳)

탑승 수속할 때

목적지가 어디십니까?

कहाँम्म जानु हुन्छ?

까하썸머　자누　훈처?

짐을 붙이시겠습니까?

सामन पठाउनु हुन्छ?

사먼　뻐타우누　훈처?

짐 무게를 달아 보겠습니다.

सामन कति किलो हो जोख्नुस्।

사먼　꺼띠　킬로　호　조크누스.

가방들을 저울 위에 올려 주세요.

झोलाहरु त्यो तराजुमा राख्नुस्।

졸라허루　띠요　떠라주마　라크누스.

10킬로 무게 초과입니다.

दसकिलो बढी भयो।

더스킬로　버리　버요.

짐에 라벨을 붙이세요.

सामनमा लेबल हाल्नुस्।

사먼마　레벨　할누스.

비행기 표를 보여 주십시오.

हवाइजहाज टिकट देखाई दिनुस्।

허와이저하저　티켓　데카이　디누스.

핸드폰, 열쇠, 동전을 쟁반에 올려 놓으세요. 그리고 검색대로 가세요.

मोबाइलफोन, साचो, टक किस्तीमा लाख्नुस्। अनि चेक गर्ने

모바일폰,　사쪼,　떡　끼스띠마　라크누스.　어니　쩩　거르네

ठाउँमा जानुस्।

타우마　자누스.

탑승할 때

지금부터 탑승 수속을 시작합니다.

अहिले नै हवाइजहाज चढे हुन्छ।

어힐레 너이 허와이저하저 쩌레 훈처.

한국행 OZ 345편 탑승을 하고 있습니다.

कोरिया जाने OZ 345 मा चढ्नुस्।

코리아 자네 OZ 345 마 쩌르누스.

탑승권과 여권을 부탁드립니다.

टिकट र पापोर्ट देखाइ दिनुस्।

티켓 러 빠스뽀르뜨 데카이 디누스.

좌석을 찾고 있을 때

이 좌석번호는 어디쯤 됩니까?

यो सिट कहाँ छ?

요 시트 까하 처?

따라 오십시오.

आउनुस्।

아우누스.

이쪽입니다.

यो हो।

요 호.

좌석을 바꿀 수 있습니까?

सिट बदल्न सक्छु?

시트 버덜너 석추?

고객님의 좌석은 26A 입니다.

तपाईंको सिट छब्बीस एइ हो।

떠빠이꼬 시트 첩비스 에이 호.

짐을 위로 올려 주십시오.

सामनहरु माथि लाखी दिनुस्।

사먼허루 마티 라키 디누스.

무거운 가방은 발 아래쪽에 놓으십시오.

गरुङ्गो झोला खुट्टाको तल राख्नुस्।

거룽고 졸라 쿳따고 떨러 라크누스.

안전벨트를 매어 주십시오.

सिटको पेटी लगाउनुस्।

시트고 뻬띠 러가우누스.

화장실은 비행기의 중간과 뒤편에 있습니다.

चर्पी हवाइजहाजको बिच र पछाडीतिर छ।

쩔피 허와이저하저꼬 비쯔 러 버차리띠러 처.

기내방송을 할 때

저의 비행기를 이용해 주심에 감사드립니다.

हाम्रो हवाइजहाज प्रयोग गरेकोमा धन्यबाद।

함로 허와이저하저 프러요그 거레꼬마 던여받.

비행기가 곧 이륙하겠습니다.

हवाइजहाज अब रोकिन्छ।

허와이저하저 어버 로킨처.

안전벨트를 착용해 주세요.

सिटको पेटी लगाउनुस्।

시트꼬 뻬띠 러가우누스.

우리의 비행시간은 약 10시간이 될 것입니다.

उडानकोलागी दस घण्टा लाग्छ होला।

우란꼴라기   더스   건따   락처   홀라.

비행기가 완전히 멈출 때까지 일어나지 마십시오.

हवाइजहाज रोक्ने बेलासम्म न उठ्नुस्।

허와이저하저   로크네   벨라 썸머   너   우트누스.

기내 서비스를 받을 때

물 한 잔 주세요.

पानी एककप दिनुस्।

빠니   엑컵   디누스.

멀미약이 있습니까?

वाकवाकीको औषधी छ?

와끄와끼꼬   어우샤디   처?

한국 잡지나 신문이 있습니까?

कोरियन पत्रिका छ?

코리안   버뜨리까   처?

문법 익히기 〈41〉 : 명사 + तिर (띠러) ~쯤

सातबजेतिर 사트버제 띠러 (7시쯤)

यतातिर 예따띠러 이쯤 (이쪽으로)

भोली दिउँसेतिर 볼리 디우소띠러 (내일 오후쯤)

안전벨트를 풀어도 될까요?

सिटको पेटी फुकाल्न सक्छु?

시트꼬 뻬띠 푸깔너 석추?

무슨 음료를 드시겠습니까?

के पिउनु हुन्छ?

께 삐우누 훈처?

커피 마실게요.

कफी दिनुस्।

커피 디누스.

공항

입국 심사를 받을 때

네팔에 온 동기는 무엇입니까?

नेपालमा आउने कारण के हो ?

네팔마 아우네 까럴 께 호?

여행 왔어요.

घुम्न आएँ ।

굼너 아에.

출장 왔습니다.

काम गर्न आएँ ।

깜 거르너 아에.

며칠동안 머무실 것입니까?

कति दिन बस्नु हुन्छ ?

꺼띠딘 버스누 훈처?

저는 5일동안 머무를 예정입니다.

पाँच दिन बस्छु होला ।

빠쯔딘 버스추 홀라.

어디에 투숙하실 겁니까?

कहाँ बस्नु हुन्छ ?

까하 버스누 훈처?

저는 터멜 호텔에 투숙할 것입니다.

म ठमेल होटेलमा बस्छु ।

머 터멜 호텔마 버스추.

이번이 네팔 몇 번째 방문입니까?

नेपालमा आउनु भएको कति चोटी भयो?

네팔마 아우누 버에꼬 꺼띠 쪼띠 버요?

이번이 첫 번째 방문입니다.

यो पहिले चोटी हो।

요 뻐힐레 쪼띠 호.

여권을 보여 주세요.

पासपोर्ट देखाई दिनुस्।

빠스뽈뜨 데카이 디누스.

짐을 찾을 때

짐을 어디서 찾아야 하나요?

सामन कहाँ पाइन्छ?

사만 까하 빠인처?

K9번 창구로 가 주세요.

के नौ नम्बरमा जानुस्।

께 너우 넘벌마 자누스.

제 짐을 찾지 못하겠습니다.

मेरो सामन आएन।

메로 사먼 아에너.

제 짐이 없어졌습니다.

मेरो सामन हरायो।

메로 사먼 허라요.

제 짐이 어디에 있는지 확인 해 줄 수 있습니까?

मेरो सामन कहाँ छ चेक गरी दिन सक्नु हुन्छ?

메로 사먼 까하 처 체크 거리 디너 서크누 훈처?

여기 수하물표가 있습니다.

यहाँ सामनको टिकट छ।

여하　사먼꼬　티켓　처.

세관을 통과할 때

신고할 것이 있습니까?

चेक जाँच गर्ने केहि छ?

쩨크　자쯔　거르네　께히　처?

아니오, 신고할 것이 없습니다.

होइन, छैन।

호이너,　저이너.

이것들은 제 친구를 위한 선물입니다.

यो मेरो साथिको उपहार हो।

요　메로　사티꼬　우뻐하르　호.

액체는 기내로 반입되지 않습니다.

तरल पदार्थ हवाइजहाजको भित्र लान पाइन्न।

떠럴　뻐달터　허와이저하저꼬　비뜨러　라너　빠인너.

문법 익히기 <42> : 동사 + एको भयो (에꼬 버요)

नेपालमा आएको तिन दिन भयो। 네팔마 아애꼬 띤딘 버요
　　　　　　　　　　　　　　　　(네팔에 온 지 3일 되었다)

काम गरेको एक बर्ष भयो। 깜거레꼬 엑버르사 버요.
　　　　　　　　　　　　　　(일한 지 일 년 되었다.)

नभेटेको तीन बर्ष भयो। 너베테꼬 띤 버르사 버요.
　　　　　　　　　　　　　　(못 만난 지 3년 되었다.)

03 숙박

숙박처를 찾을 때

에베레스트 호텔이 어디에 있습니까?

एभरेस्ट होटेल कहाँ छ?

에베레스트　호텔　까하　처?

더 저렴한 호텔이 있습니까?

अलि सस्तो होटेल छ?

얼리　서스토　호텔　처?

여기서 호텔 예약이 가능합니까?

यहाँ होटेलको बुकिङ गर्छ?

여하　호텔꼬　부킹　거르처?

숙박을 예약할 때

하루 머무는 비용은 얼마입니까?

एकदिनको लागी कति हो?

엑딘꼴라기　꺼띠　호?

하루에 700 루피입니다.

एकदिनको साठ सय रुपैयाँ हो।

엑딘꼬　사트　서여　루피야　호.

몇 일 계실 거죠?

कति दिन बस्नु हुन्छ?

꺼띠딘 버스누 훈처?

이틀 있을 예정입니다.

दुइदिन बस्छु।

두이딘 버스추.

몇 분이시죠?

कतिजना छन्?

꺼띠저나 천?

2명입니다.

दुईजना छन्।

두이저나 천.

아침식사도 가능합니까?

बिहानको खाना पनि हुन्छ?

비하너꼬 카나 뻐니 훈처?

네, 아침식사도 가능합니다.

हजुर, बिहानको खाना पनि हुन्छ।

허주르, 비하너꼬 카나 뻐니 훈처.

체크인 할 때

예약하셨습니까?

बुकिङ गर्नु भयो?

부킹 거르누 버요?

예, 예약했습니다.

हजुर, हो।

허주르, 호.

어떤 분의 이름으로 예약하셨죠?

कसले बुकिङ्ग गर्नु भयो?

꼬슬레　부킹　거르누 버요?

여기에 서명을 해 주세요.

यहाँ सही गरी दिनुस्.

여하　서히　거리　디누스.

좀더 싼 방은 없습니까?

अलि सस्तो कोठा छैन?

얼리　서스토　꼬타　처이너?

욕실이 있는 방을 원합니다.

ट्वाइलेट हुने कोठा चाहिन्छ।

토일렛　후네　꼬타　짜힌처.

방을 비워야 되는 시간은 몇 시입니까?

कोठा कतिबजे छोड्नु पर्छ?

꼬타　꺼띠버제　초르누 뻘처?

정오까지 체크아웃 하셔야 합니다.

मध्यदिनसम्म छोड्नु पर्छ।

먼데딘 썸머　초르누 뻘처.

하루 더 묵고 싶습니다.

एकदिन अझै बस्न मन छ।

엑딘　어저히 버스너 먼 처.

방을 확인할 때

비누가 없습니다.

साबुन छैन।

사분 처이너.

수건이 없습니다.

रुमाल छैन।

루말　처이너.

변기가 고장입니다.

ट्वाइलेटको सिट बिग्रिन्छ।

토일렛꼬　시트　비그린처.

청소가 안 되어 있습니다.

सफा छैन।

서파　처이너.

방에서 냄새가 납니다.

कोठा गनायो।

꼬타　거나요.

온수가 나오지 않습니다.

तातोपानी आउँदैन।

따또빠니　아운더이너.

룸서비스를 이용할 때

내일 아침 7시에 깨워 주세요.

भोली बिहान साठ बजे उठाई दिनुस्।

볼리　비하너　사트　버제　우타이　디누스.

방에서 아침식사를 하고 싶습니다.

कोठामा बिहानको खाना खान मन छ।

꼬타마　비하너꼬　카나　카너　먼　처.

따뜻한 물 좀 가져다 주세요.

तातोपानी लिएर दिनुस्।

따또빠니　리에러　디누스.

이 옷을 세탁해 주세요.

यो कपडा सफा गरी दिनुस् ।

요 꺼뻐라 서파 거리 디누스.

04 길 안내

길을 물을 때

실례지만 여기가 어디입니까?
माफ गर्नुस्। यो कहाँ होला?
마프 거르누스. 요 까하 홀라?

길 좀 알려줄 수 있습니까?
बाटो देखाई दिन सक्नु हुन्छ?
바토 데카이 디너 서크누 훈처?

여기에 약도를 그려주시겠습니까?
यहाँ जाने बाटोको नक्सा बनाइ दिनुस्।
여하 자네 바토꼬 넉사 버나이 디누스.

이 지도에서 제가 있는 곳을 알려 주시겠습니까?
यो नक्सामा म कहाँ हो भनि दिनुस्।
요 넉사마 머 까하 호 버니 디누스.

터멜은 여기서 멉니까?
ठमेल टाढा छ?
터멜 따라 처?

곧장 가면 됩니까?
सिधै गयो भने पुगिन्छ?
시더이 거요 버네 부긴처?

오른쪽으로 돌면 됩니까?
दाँयातिर घुम्यो भने पुगिन्छ?
다야띠러 굼요 버네 부긴처?

왼쪽으로 돌면 됩니까?
बाँयातिर घुम्यो भने पुगिन्छ?
바야띠러　굼요　버네　부긴처?

길을 알려줄 때

곧장 가세요.
सिधै जानुस्।
시더이　자누스.

좌회전하세요.
बाँयातिर घुम्नुस्।
바야띠러　굼누스.

우회전하세요.
दाँयातिर घुम्नुस्।
다야띠러　굼누스.

걸어서 10분 걸립니다.
हिँडेर दसमिनेट लाग्छ।
히데러　더스미니트　락처.

버스로 갈 수 있습니다.
बसमा जान सकिन्छ।
버스마　자너　서킨처.

우체국 옆에 있습니다.
हुलाकको छेउमा छ।
훌락꼬　채우마　처.

죄송합니다. 저도 잘 모릅니다.
माफ गर्नुस्। मलाई पनि थाहा छैन।
마프　거르누스.　멀라이　뻬니　타하　처이너.

택시로 가세요.

ट्याक्सीमा जानुस् ।

택시마　　　자누스.

05 관광

관광안내소에서

지도를 얻을 수 있을까요?

नक्शा पाइन्छ?

넉사 　 빠인처?

저는 카트만두 덜발에 가고 싶습니다.

मलाई काठ्माण्डौ दरबारमा जान मन छ।

멀라이 　 카트만두 　 덜발마 　 자너 　 먼 　 처.

저는 파탄에 가고 싶습니다.

मलाई पाटनमा जान मन लाग्छ।

멀라이 　 빠떤마 　 자너 　 먼 　 락처.

입장권을 살 때

표는 어디서 구입하나요?

टिकट कहाँ पाइन्छ?

티켓 　 까하 　 빠인처?

공연 시각은 몇 시죠?

मञ्चन कति बजे सुरु हुन्छ?

먼쩐 　 꺼띠 버제 수루 훈처?

관광지에서

입장료는 얼마입니까?

प्रवेश टिकटको मूल्य कति हो?

프러베스　티켓꼬　물려　꺼띠　호?

일요일에 문을 여나요?

आइतबार पनि खुल्छ?

아이떠바르　뻐니　쿨처?

기념촬영할 때

제가 사진을 찍어드릴까요?

फोटो खिचि दिऊँ?

포토　키찌　디웅?

사진 좀 찍어주시겠어요?

फोटो खिचि दिनुस्।

포토　키지　디누스.

같이 사진 찍을까요?

संगै खिचौं?

성거히　키쩌웅?

웃으세요.

हास्नुस्।

하스누스.

움직이지 마세요.

न चल्नुस्।

너　쩔누스.

사진을 보내 드리겠습니다.

फोटो पठाई दिन्छु।

포토　　뻬타이　　딘추.

이메일 알려 주세요.

इमेल भनि दिनुस्।

이메일　　버니　　디누스.

06 트레킹

트레킹을 가고 싶습니다.

द्रेकिङ्ग जान मन छ।

트레킹 자너 먼 처.

트레킹 회사를 추천해 주세요.

द्रेकिङ्ग कम्पनी सिफारीस गरी दिनुस्।

트래킹 컴퍼니 시파리스 거리 디누스.

트레킹 코스를 추천해 주세요.

द्रेकिङ्ग बाटो सिफारीस गरी दिनुस्।

트레킹 바토 시파리스 거리 디누스.

에베레스트로 트레킹을 가려고 합니다.

एभरेस्टमा द्रेकिङ्ग जान मन छ।

에베레스트마 트레킹 자너 먼 처.

며칠이면 될까요?

गएर आउन कति दिन लाग्छ होला?

거에러 아우너 꺼띠 딘 락처 홀라?

트레킹 허가는 어디서 받나요?

द्रेकिङ्ग अनुमतिपत्र कहाँ लिन सकिन्छ?

트레킹 어누머띠뻐뜨러 까하 리너 서킨처?

트레킹 장비는 어디서 사나요?

द्रेकिङ्गको सामन कहाँ पाइन्छ?

트레킹꼬 사먼 까하 빠인처?

트레킹 장비를 어디서 렌트하나요?

द्रेकिङ्गको सामन कहाँ उधारो लिन सकिन्छ?

트레킹꼬 사먼 까하 우다로 리너 서킨처?

07 쇼핑

물건을 찾을 때

무엇을 도와드릴까요?
के सहयोग गरी दिऊँ?
께 서허욕 거리 디웅?

도움이 필요하십니까?
सहयोग चाहिन्छ?
서허욕 짜인처?

무엇을 찾고 계신가요?
के खोज्दै हुनुहुन्छ?
께 코즈더이 후누훈처?

그냥 구경만 하고 있어요.
त्यतीकै हेर्दै छु।
떼띠꺼이 헤르더이 추.

저 시계 좀 보여 주세요.
त्यो गाडी देखाई दिनुस्।
띠요 가리 데카이 디누스.

가방 좀 보여 주세요.
भोला देखाई दिनुस्।
졸라 데카이 디누스.

색상을 고를 때

어떤 색을 원하십니까?

कुन रङ मन पर्छ?

꾼 렁 먼 뻘처?

노란색으로 주세요.

पहेंलो रङको दिनुस्।

뻐헬로 렁꼬 디누스.

이 색은 마음에 안 들어요.

यो रङ मन पर्दैन।

요 렁 먼 뻐르더이너.

다른 색은 없습니까?

अरु रङ छैन?

어루 렁 처이너?

이 색이 잘 어울리세요.

तपाईंलाई यो रङ सुहायो।

떠빠이라이 요 렁 수하요.

사이즈를 고를 때

사이즈는 어떻게 되나요?

साइज कस्तो छ?

사이즈 꺼스또 처?

조금 헐렁거려요.

अलि खुकुलो छ।

얼리 쿠꿀로 처.

더 큰 사이즈는 없습니까?

अलि ठूलो साइज छैन ?

얼리 툴로 사이즈 처이너?

이 신발은 꽉 끼어요.

यो जुत्ता कसिन्छ ।

요 주따 꺼신처.

더 작은 것은 없나요?

अलि सानो चाहिँ छैन ?

얼리 사노 짜히 처이너?

이 치수로 하나 주세요.

यो साइजमा एउटा दिनुस् ।

요 사이즈마 요우따 디누스.

신어봐도 될까요?

लगाउन सक्छु ?

러가우너 석추?

조금 작네요.

अलि सानो छ ।

얼리 사노 처.

조금 크네요.

अलि ठूलो छ ।

얼리 툴로 처.

디자인을 고를 때

다른 디자인 없나요?

अरु चित्र छैन ?

어루 찌뜨러 처이너?

디자인이 너무 화려해요.

चित्र धेरै रंगि विरंगि छ।

찌뜨러 데레 렁기 비렁기 처.

디자인이 너무 밋밋해요.

चित्र धेरै समान्य छ।

찌뜨러 데레 사만녀 처.

물건값을 흥정할 때

이것을 사겠습니다.

यो किन्छु।

요 낀추.

전부 얼마예요?

जम्मा कति भयो?

점마 꺼띠 버요?

너무 비싸요. 조금만 깎아 주세요.

धेरै महङ्गो छ। अलिकति घटाई दिनुस्।

데레 머헝고 처. 얼리꺼띠 거타이 디누스.

할인해 주세요.

डिस्काउन्ट् गरि दिनुस्।

디스카운트 거리 디누스.

포장 좀 부탁합니다.

प्याकिङ्ग गरी दिनुस्।

빠낑 거리 디누스.

Tema 10

비즈니스 관련 표현

응용 대화 (10) 면접을 볼 때

क : किन हाम्रो कम्पनिमा काम गर्नु हुन्छ?
끼너 함로 오피스마 깜 거르누 훈처?

ख : कम्पनिको बिजार मसंग मिलेकोले।
컴퍼니꼬 비자르 머성거 밀레꼴레.

क : यसको काम गर्नु भएको अनुभब छ?
여스꼬 깜 거르누 버에꼬 어누버브 처?

ख : हजुर, अनुभब छ।
허줄, 어누버브 처.

क : विश्वविद्यालयमा के मेजर गर्नु भयो?
비쇼비띠알러여마 께 메절 거르누버요?

ख : तथ्याङ्क मेजर गरें।
떠대양 메절 거레.

क : तपाईंको योग्यता कति छ?
떠빠이꼬 요겨따 꺼띠 처?

ख : म धेरै जाँगरिलो छु।
머 데레 자거릴로 추.

क : तलब कति लिन चाहनु हुन्छ?
떨럽 꺼띠 리너 짜허누 훈처?

ख : महिनाको दुईसय वन चाहन्छु।
머히나꼬 두이서여 원 짜헌추.

면접관 : 왜 우리 회사에 지원
했나요?

수험생 : 회사의 이념과 제가
맞기 때문입니다.

면접관 : 이 직종에 경험이 있
습니까?

수험생 : 네, 경험이 있습니다.

면접관 : 대학에서 무엇을 전공
했습니까?

수험생 : 통계학을 전공했습니다.

면접관 : 당신의 장점은 무엇입
니까?

수험생 : 부지런합니다.

면접관 : 급여는 얼마를 원합니까?

수험생 : 한 달에 200만원을
원합니다.

구인과 취직

구직 서류를 작성할 때

이름?
नाम
남

주소?
ठेगाना
태가나

전화번호?
फो नम्बर
폰　넘버

직업?
पेशा
뻬사

종교?
धर्म ?
더르마?

나이?
उमेर
우메르?

인종?
जात
자띠?

출생지?

जन्मस्थान

전머스탄

일자리를 찾을 때

일자리를 찾으세요?

काम खोज्नु भएको ?

깜   코즈누   버에꼬?

일자리를 찾습니다.

काम खोज्दै छु ।

깜   코즈더이   추.

일자리 찾기가 쉽지 않아요.

काम पाउन गाह्रो छ ।

깜   빠우너   가로   처.

제게 추천서를 써 주세요.

मलाई एउटा सिफारीस लेखि दिनुस् ।

멀라이   요우따   시파리스   레키   디누스.

저는 일자리를 잃었습니다.

म फुर्सदमा छु ।

머   풀섣마   추.

취직만 되면 좋겠습니다.

काम पायो भने राम्रो हुन्छ होला ।

깜   빠요   버네   람로   훈처   홀라.

꼭 취직을 할 겁니다.

म पक्का काम पाउने छु ।

머   뻑까   깜   빠우네   추.

면접을 할 때

어디 대학에서 수학했습니까?

कुन विश्वविद्यालयमा पढ्नु भयो ?

꾼 　비쇼비띠알러여마 　뻐르누 　버요?

대학에서 무엇을 전공했습니까?

विश्वविद्यालयमा के मेजर गर्नु भयो ?

비쇼비띠알러여마 　께 　메절 　거르누 버요?

대학 때 성적은 어땠습니까?

विश्वविद्यालयमा राम्री पढ्नु भयो ?

비쇼비띠알러여마 　람러리 뻐르누 　버요?

왜 우리 회사에 지원했나요?

किन हाम्रो कम्पनिमा काम गर्नु हुन्छ ?

끼너 함로 　껌퍼니마 　깜 거르누 훈처?

왜 이 일에 관심이 있습니까?

कित यो काम गर्ने विचार गर्नु भयो ?

끼너 요 　깜 거르네 비자르 거르누 버요?

어떤 회사에서 일했었나요?

पहिले कुन अफीसमा काम गर्नु भयो ?

뻐힐레 꾼 오피스마 깜 거르누 버요?

어떤 자격증을 가지고 있습니까?

कस्तो प्रमाण पत्र लिएर आउनु भएको छ ?

꺼스또 프러만 뻐뜨러 리에러 아우누 버에꼬 처?

이 직종에 경험이 있습니까?

यसतो काम गर्नु भएको अनुभब छ ?

여스또 깜 거르누 버에꼬 어누바브 처?

전에 어떤 일을 했습니까?

पहिला कुन काम गर्नु भएको हो ?

뻐힐라　꾼　깜　거르누　버에꼬　호?

어떤 일을 하고 싶습니까?

कस्तो काम गर्न चाहनु हुन्छ?

꺼스토　깜　거르너　짜허누　훈처?

당신의 장점은 무엇입니까?

तपाईंको योग्यता कति छ ?

떠빠이꼬　요겨따　꺼띠　처?

급여는 얼마를 원하십니까?

तलब कति लिन चाहनु हुन्छ ?

떨럽　꺼띠　리너　짜허누　훈처?

문법 익히기 〈43〉 : 동사 + एको अनुभव छ (에꼬 어누버브 처)
〜한 경험이 있다

काम गर्नु भएको अनुभव छ? 깜 거르누 버에꼬 어누버브 처?
(일한 경험이 있어요?)

कोरियामा आउनु भएको अनुभव छ? 코리아마 아우누 버에꼬 어누버브 처?
(한국에 온 경험이 있어요?)

भारतमा गएको अनुभव छ। 바릿마 거에꼬 어누버브 처.
(인도에 간 경험이 있어요.)

 02 사무실

업무를 시작할 때

시작합시다.
सुरु गरौं।
수루 거러웅.

처음부터 다시 합시다.
सुरुदेखि फेरी गरौं।
수루데키 페리 거러웅.

이 일을 어떻게 시작해야 할지 모르겠어요.
यो काम कसरी सुरु गर्ने थाहा छैन।
요 깜 꺼서리 수루 거르네 타하 처이너.

업무 진행과 확인

그 건은 어떻게 되고 있나요?
त्यो काम कसरी हुदै छ?
띠요 깜 꺼서리 후더이 처?

그게 얼마나 있으면 끝날까요?
त्यो काम सिध्याउनलाई अझै कति समय लाग्छ होला?
띠요 깜 시디야우너라이 어저히 꺼띠 서머야 락처 홀라?

그건 이미 처리했어요.

त्यो काम सिधिन्छ।

띠요 깜 시딘처.

아직 반도 안 끝났어요.

अझै आधी बाँकी छ।

어저히 아디 바끼처.

그 일을 어서 끝냅시다.

त्यो काम छिटै सिध्इन्छ।

띠요 깜 치떠이 시딘처.

내일까지 이 보고서를 제출하세요.

भोलीसम्म यो रिपोर्ट बुझाउनुस्।

볼리썸머 요 리포트 부자우누스.

팩스와 복사

이 서류를 팩스로 보내 주세요.

यो कागजात फेक्समा पठाई दिनुस्।

요 까거잘 팩스마 뻐타이 디누스.

제게 다시 팩스를 보내 주세요.

मलाई फेरी फेक्स पठाई दिनुस्।

멀라이 페리 팩스 뻐타이 디누스.

가능한 한 빨리 팩스로 보내 주세요.

सकेसम्म छिटै फ्याकसमा पठाई दिनुस्।

사케썸머 치떠이 팩스마 뻐타이 디누스.

이거 복사 좀 해 주실 수 있나요?

यो फोटोकपी गरी दिन सक्नु हुन्छ?

요 포토카피 거리 디너 서크누 훈처?

30장만 복사해 주세요.

तिस प्रती फोटोकपी गरी दिनुस् ।

띠스 프러띠 포토카피 거리 디누스.

컴퓨터

이 자료를 컴퓨터에 입력해 주세요.

यो तालिका कम्प्युटरमा लेखी दिनुस् ।

요 딸리까 컴퓨터마 레키 디누스.

자료가 다 없어졌어요.

तालिका सबै हरायो ।

딸리까 섭버이 허라요.

제 컴퓨터는 고장이 났습니다.

मेरो कम्प्युटर बिग्रिएको छ ।

메로 컴퓨터 비그리애꼬 처.

03 회의

회의 준비

회의는 언제입니까?
बैठक कहिले हो?
버이떡 꺼힐레 호?

몇 시에 회의합니까?
बैठक कति बजे सुरु हुन्छ?
버이떡 꺼띠 버제 수루 훈처?

회의는 내일 오전 9시에 있습니다.
बैठक भोली बिहान नौ बजे छ।
버이떡 볼리 비하너 너우 버제 처.

회의 시간이 2시간 늦어졌습니다.
बैठक दुई घण्टा ढिलो सुरु हुन्छ।
버이떡 두이건따 딜로 수루 훈처.

회의에 늦지 말아 주십시오.
बैठकमा ढिलो नआउनुस्।
버이떡마 딜로 너아우누스.

회의 진행

여기를 주목해 주십시오.
यहाँ होस गरेर हेर्नुस् ।
여하   호스   거레러   헤르누스.

지금부터 회의를 시작하겠습니다.
अबदेखी बैठक सुरु हुन्छ ।
어버데끼   버이떡   수루   훈처.

오늘의 의제는 무엇입니까?
आजको विषय के हो ?
아저꼬   비서여   께   호?

찬성하시는 분은 손을 들어 주십시오.
अनुकूल छ भने हात उठाई दिनुस् ।
어누꿀   처   버네   핫   우따이   디누스.

반대하시는 분은 손을 들어 주십시오.
मन न पर्नेले हात उठाई दिनुस् ।
먼   너뻐르넬레   한   우따이   디누스.

회의 종료

회의가 끝났습니다.
बैठक सिध्इयो ।
버이떡   시디요.

오늘은 여기까지 하겠습니다.
आज यहाँसम्म गरौं ।
아저   야하썸머   거러웅.

239

04 상담

바이어를 맞이할 때

처음 뵙겠습니다.

पहिले भट् भयो।

뻐힐레 베트 버요.

만나서 반갑습니다.

भेटेर खुसी लाग्यो।

베테러 쿠시 라교.

저희 회사에 와 주셔서 감사합니다.

हाम्रो कम्पनीमा आउनु भएकोमा धन्यबाद।

함로 컴퍼니마 아우누 버에꼬마 던여받

제품을 설명할 때

이것이 저희 회사의 신제품입니다.

यो हाम्रो अफीसको नयाँ उत्पादन हो।

요 함로 오피스꼬 너야 운빠던 호.

지난 주에 발매되었습니다.

गएको हत्तामा विमोचन गरें।

거에꼬 헙따마 비모쩐 거렝.

구입을 희망할 때

이 제품의 특징에 대해 설명해 드리겠습니다.

यो उत्पादनको बारेमा भन्ने छु।

요 운빠던꼬 바레마 번네 추.

이 제품은 상당한 수요가 예상됩니다.

यो उत्पादन किन्न मन लाग्ने मान्छेहरु धेरै छन होला।

요 운빠던 낀너 먼 라그네 만체허루 데레 천 홀라.

다양한 연령층이 사용할 수 있습니다.

विभिन्न मान्छेले प्रयोग गर्न सक्छन्।

비빈너 만체레 프러요그 거르너 석천.

조작이 간단합니다.

सञ्चालन गर्न सजिलो छ।

선짜런 거르너 서질로 처.

분명 만족하실 겁니다.

तपाईंको मनमा पक्का लाग्ने होला।

떠빠이꼬 먼마 뻑까 라그네 홀라.

협상할 때

가격을 얼마 정도로 생각하십니까?

मूल्य कतिजती विचार गर्नु भयो?

물려 꺼띠저띠 비자르 거르누 버요?

귀사의 최저가격을 제시하십시오.

तपाईंको अफीसको अन्तिम मूल्य भनि दिनुस्।

떠빠이꼬 오피스꼬 언띰 물려 버니 디누스.

단가는 얼마입니까?

त्यो उत्पादन गर्नलाई कति पैसा पर्छ?

띠요 운빠던 거르너라이 꺼띠 뻐이샤 뻘처?

그 가격으로는 받아드릴 수 없습니다.

त्यो मूल्यमा किन्न सकिँदैन।

띠요 물려마 낀너 서끼더이너.

할인을 부탁합니다.

अलिकति घटाई दिनुस्।

얼리꺼띠 거따이 디누스.

결정을 유보할 때

죄송하지만 결정할 수 없습니다.

माफ गर्नुस्, तर अहिले विचार गर्न सकिँदैन।

마프 거르누스, 떠러 어힐레 비자르 거르너 서끼더이너.

다음 회의에서 다시 얘기하시죠.

अरु बैठकमा फेरी कुरा गरौं।

어루 버이떡마 페리 꾸라 거러웅.

좀더 검토가 필요합니다.

अझै विचार गर्नु पर्छ।

어저히 비자르 거르누 뻘처.

좀더 시간이 필요합니다.

अझै समय लाग्छ होला।

어저히 서머야 락처 홀라.

조건에 합의할 때

좋습니다.

राम्रो छ।

람로　　처.

이 계약은 3년간 유효합니다.

यो सम्झौता तिन बर्ष सम्म हो।

요　　섬저우따　　띤　버르사　썸머　호.

계약서에 사인해 주시죠.

सम्झौताको लागी सहि गरी दिनुस्।

섬저우따꼴라기　　서히　거리　디누스.

05 납품과 클레임

납품할 때

귀사의 제품에 대해 여쭙고 싶습니다.

तपाईंको उत्पादनको बारेमा सोध्न चाहन्छु।

떠빠이꼬　운빠던꼬　바레마　소드너　짜헌추.

언제 납품 받을 수 있나요?

हामीले कहिले उत्पादन गर्न सकिन्छ?

하밀레　꺼힐레　운빠던　거르너　서낀처?

금요일까지 납품해 주십시오.

शुक्रबारसम्म पठाई दिनुस्।

수크러바르썸머　뻐타이　디누스.

빨리 납품해 주십시오.

छिटै पठाई दिनुस्।

치떠이　뻐타이　디누스.

클레임을 제기할 때

귀사의 제품에 문제가 있습니다.

तपाईंको उत्पादनमा एउटा समस्या छ।

떠빠이꼬　운빠던마　요우따　서머시야　처.

책임자와 이야기를 나누고 싶습니다.

प्रमुखसंग कुरा गर्न चाहन्छु।

프러묵성거　꾸라　거르너　짜헌추.

왜 이런 일이 일어났는지 설명해 주세요.

किन यस्तो काम भयो भनेर भनि दिनुस्।

끼너　예스또　깜　버요　버네러　버니　디누스.

고객들이 불평하고 있습니다.

हाम्रो ग्राहकहरुले कम्प्रेन गर्दै छन्।

함로　그라헉허루레　껌쁠레인 거르더이　천.

클레임에 대응할 때

당장 조치하겠습니다.

तुरुन्तै गर्ने छु।

뚜룬따이 거르네 추.

문법 익히기 〈44〉 : 동사 + भनेर भनि दिनुस (버네러 버니 디누스)

~라고 말해 주세요

किन यस्तो काम भयो भनेर भनि दिनुस्।

끼너　예스또　깜　버요　버네러　버니　디누스.
(왜 이런 일이 일어났는지 말씀해 주세요.)

उहाँ राम्रो छ भनेर भनि दिनुस्।

우하　람로　처 버네러　버니　디누스. (그가 멋있다고 전해 주세요.)

म गएँ भनेर भनि दिनुस्।

머　거에　버네러　버니　디누스. (제가 갔다고 말해 주세요.)

물건을 바로 보내드리겠습니다.

उत्पादन तुरुन्तै पठाई दिने छु।

운빠던 뚜룬따이 뻐타이 디네 추.

저희들의 착오였습니다.

त्यो चाँहि हाम्रो गल्ती हो।

띠요 짜히 함로 걸띠 호.

이것은 저희 잘못이 아닙니다.

यो हाम्रो गल्ती होइन।

요 함로 걸띠 호이너.

선적이 지연되어 사과드립니다.

ढिलो पठाई दिएकोमा माफ गर्नुस्।

딜로 뻐타이 디에꼬마 마프 거르누스.

부록

01 필수 단어

■ 요일

월요일	सोमबार	솜바르
화요일	मंगलबार	멍걸바르
수요일	बुधबार	부다바르
목요일	बिहीबार	비히바르
금요일	शुक्रबार	수크러바르
토요일	शनिबार	써니바르
일요일	आइतबार	아이떠바르

■ 시간

해, 년	बर्ष	버르사
월, 달	महिना	머히나
주	हप्ता	헙따
일, 날	दिन	딘
시간	घण्टा	건따
분	मिनेट	미네트
아침	बिहान	비하너
점심	दिउसो	디우소
저녁	बेलुका	벨루까
밤	राती	라띠
그저께	अस्ती	어스띠
어제	हिजो	히조
오늘	आज	아저
내일	भोली	볼리
모레	पर्सी	빠르시

■ 위치, 방위

동	पूर्व	푸르버
서	पश्चिम	뻐쓰찜
남	दक्षिण	덕친
북	उत्तर	우떨
왼쪽	बायाँ	바야
오른쪽	दायाँ	다야
위	माथि	마티
아래	तल	떨러
앞	अगाडी	어가리
뒤	पछाडी	뻐차리
이쪽	यता	여따
지쪽	उता	우따
직진	सिधा	시다

■ 신체

몸	शरीर	서릴
머리	टाउको	타우꼬
눈	आँखा	아카
귀	कान	깐
입	मुख	묵
코	नाक	낙
뺨	चिउँडो	찌우로
이	दात	닷
목	घाँटी	가띠
가슴	छाती	차띠
심장	मुटु	무뚜
배	पेट	뺏
손	हात	핫
발	खुट्टा	쿳따

손가락	औंला	어울라
입술	ओठ	오트
얼굴	अनुहार	어누하르

■ 색

검정색	कालो	깔로
흰색	सेतो	세또
빨강색	रातो	라또
파랑색	नीलो	닐로
노랑색	पहेलो	뻐헬로
갈색	खैलो	커일로
녹색	हरियो	허리요
회색	कैलो	꺼일로
귤색	सुन्तला	순떨라
보라색	वैजनी	버이지니
핑크색	गुलाफी	굴라피

■ 형용사

덥다	गर्मी	거르미
춥다	जाडो	자로
뜨겁다	तातो	따또
차갑다	चिसो	찌소
크다	ठूलो	툴로
작다	सानो	사노
길다	लामो	라모
짧다	छोटो	초또
높다	अग्लो	어글로
낮다	होचो	호쪼
싸다	सस्तो	서스또
비싸다	महँगो	머헝고
많다	धेरै	데레이

적다	थोरै	토레이
빠르다	चाँडो	짜로
느리다	ढिलो	딜로

■ 맛

맛	स्वाद	스왓
맛있다	मिठो	미토
달다	गुलियो	굴리요
짜다	नुनिलो	누닐로
쓰다	तितो	띠또
시다	अमिलो	어밀로
맵다	पिरो	삐로

■ 과일, 야채

과일	फल	펄
토마토	गोलभेंडा	골베라
딸기	स्ट्रबेरी	스트러베리
수박	तरबुजा	떨부자
망고	आंप	압
레몬	कागती	까거띠
오렌지	सुन्तला	순떨라
바나나	केरा	께라
사과	स्याउ	시야우
포도	अंगुर	엉구르
야채	तरकारी	떨까리
오이	काँक्रो	까끄로
감자	आलु	알루
호박	फर्सी	퍼르시
마늘	लसुन	러순
양파	प्याज	삐야즈
무	मुला	물라

■ 동물

거머리	जुका	주까
거북이	कछुवा	꺼추와
고양이	बिरालो	비랄로
까마귀	काग	까그
곰	भालु	발루
개	कुकुर	꾸꿀
개미	कमिलो	꺼밀로
낙타	ऊँट	우뜨
당나귀	गधा	거다
도마뱀	छेपालो	채빨로
닭	कुखुरा	꾸쿠라
돼지	सँगुर	성구르
말	घोडा	고라
물소	भैंसी	버이시
물고기	माछा	마차
비둘기	परेवा	뻐레와
뱀	सर्प	서르퍼
사자	सिंह	싱허
사슴	मृग	므리거
소	गाई	가이
악어	गोही	고히
양	भेडा	베라
염소	बाखा	바카
원숭이	बाँदर	바덜
쥐	मूसा	무사
코끼리	हात्ती	하띠
코뿔소	गैंडा	거웅다
토끼	खरायो	커라요
호랑이	बाघ	바그

■ 직업

가수	गायककार	가에까르
가정주부	गृहणी	그리허니
간호사	नर्स	널스
강사	उपप्राध्यापक	우뻐쁘라데야뻭
검사	सरकारी वकिल	서르까리 워낄
경찰	प्रहरी	프러허리
공무원	सरकारी	서르까리
과학자	वैज्ञानिक	버이기야닉
교사	शिक्षक	시책
교수	प्राध्यापक	쁘라데야뻭
군인	सैनिक	서이닉
농부	किसान	끼산
목수	सिकर्मी	시껄미
변호사	वकिल	워낄
비행기 조종사	विमान चालक	비만 짤럭
사업가	व्यापारी	배빠리
성직자	पादरी	빠더리
영화배우	अभिनेता	어비네따
우체부	हुलाकी	훌라끼
의사	डाक्टर	닥떨
작가	लेखक	레컥
정치가	राजनीतिज्ञ	라즈니띠기어
판사	न्यायाधीश	냐야디스
학생	विद्यार्थी	비띠알띠

■ 가족

고모	फुपू	푸뿌
고모부	फुपाजु	푸빠주
남동생	भाइ	바이
남편	श्रीमान	쓰리만
누나, 언니	दिदी	디디
매제	साला	살라
매형, 형부	भिनाजु	비나주
부인	श्रीमती	쓰리마띠
사위	ज्वाइँ	좌이
삼촌	काका	까까
손녀	नातिनी	나띠니
손자	नाति	나띠
숙모	काकी	까끼
시아버지, 장인어른	ससुरी	서수리
시어머니, 장모	सासू	사수
아버지	बुबा	부바
어머니	आमा	아마
여동생	बहिनी	버히니
오빠, 형	दाइ	다이
이모	ठूलोआमा, सानीआमा	툴로아마, 사니아마
할머니	हजुरआमा	허주르아마
할아버지	हजुरबुबा	허주르부바
형수	भाउजू	바우주

문법 색인

03 동사의 활용 연습

1. 시제에 따른 동사의 활용

동사는 기본형 '-누'로 끝나며, 과거나 현재 시제 등을 만들 때에는 '누'를 제외하고 아래와 같은 어미를 결합하여 문장을 완성한다. 동사 중 '먹다(खानु 카누)'를 예로 들면 다음과 같다. 다른 동사의 경우도, '-누'를 제외한 앞부분은 그대로 두고 뒷부분을 변형하면 된다. 네팔어에서 동사는 주어에 따라 종결어미가 달라지기 때문에 주어는 1인칭 '나'를 전제로 한다.

시제	의미	동사의 활용	
과거	먹었다	खा + एँ	카엥
습관적 과거	먹곤 했다	खान् + थें	칸텡
과거 진행	먹고 있었다.	खा + इरहएको थिएँ	카이러허에꼬티엥
과거 완료	먹었었다	खा + एको थिएँ	카에꼬 티엥
현재	먹는다	खान् + छु	칸추
현재 진행	먹고 있다	खाँ + दै छु	카더이 추
현재 완료	먹었다	खा + एको छु	카에꼬 추
확실한 미래	먹을 것이다	खा + ने छु	카네 추
불명확한 미래	아마도 먹을 것이다	खा + उँला	카울라

2. 인칭에 따른 동사의 활용

동사는 인칭에 따라 종결어미가 달라진다. 동사 중 '먹다(खान् 카누)'를 예로 들면 다음과 같다.

(현재형의 경우)

인칭	긍정	부정
머(나) म	칸추 खान्छु	카디너 खादिनँ
하미(우리) हामी	칸처웅 खान्छैं	카더이너웅 खदैनौँ
띠미(너) तिमी	칸처우 खान्छै	카더이너우 खदैनौ
떠빠이(당신) तपाईं	카누훈처 खानुहुन्छ	카누훈너 खानुहुन्न
우니(그, 그녀) उनी	칸천 खान्छन्	카더이넌 खदैनन्

(과거형의 경우)

인칭	긍정	부정
머(나) म	카애 खाएँ	카이너 खाइनँ
하미(우리) हामी	카용 खयौँ	카애너웅 खाएनैँ
띠미(너) तिमी	카요 खयो	카애너우 खएनै
떠빠이(당신) तपाईं	카누버요 खानुभयो	카누버애너 खानुभएन
우니(그, 그녀) उनी	카애 खाए	카애넌 खाएनन्

3. 동사 목록

가다(자누)	जानु	얻다, 구하다(빠우누)	पाउनु
걷다(히르누)	हिड्नु	연주하다(버자우누)	बजाउनु
공부하다(뻐르누)	पढ्नु	오다(아우누)	आउनु
꽃이 피다(펄누)	फुल्नु	울다(루누)	रुनु
동의하다(만누)	मान्नु	웃다(하스누)	हास्नु
듣다(순누)	सुन्नु	이야기하다(꾸라 거르누)	कुरा गर्नु
등산하다(쩌르누)	चढ्नु	일어나다(우트누)	उठ्नु
떠나다(초르누)	छोड्नु	일하다(깜 거르누)	काम गर्नु
만나다(베트두)	भेट्नु	잃다(허라우누)	हराउनु
만들다(버나우누)	बनाउनु	입다(러가우누)	लगाउनु
말하다(번누)	भन्नु	자다(수뜨누)	सुत्नु
먹다(카누)	खानु	자르다(까뜨누)	काट्नु
모으다(점마 거르누)	जम्मा गर्नु	정지하다(로크누)	रोक्नु
받다(리누)	लिनु	좋아하다(먼 뻐르누)	मन पर्नु
쉬다(아람 거르누)	आराम गर्नु	주다(디누)	दिनु
싸우다(러르누)	लड्नु	찾다(코즈누)	खोज्नु
씻다(두누)	धुनु	춤추다(나쯔누)	नाच्नु
알다(타하 빠우누)	थाहा पाउनु	태어나다(전머누)	जन्मनु

04 네팔어–한국어 색인

अ

अँध्यारो [어디얄로] 어두운 98
अगाडी [어가리] 앞 111
अग्लो [어글로] 높은 44
अघी [어기] 앞에 153
अजुर [어주르] 신고 185
अझै [어저히] 조금 더 60
अनुभब [어누버브] 경험 283
अनुमति [어누머띠] 허락 90
अनुमतिपत्र [어누머띠뻐뜨러] 면허증 86
अनुहार [어누하루] 얼굴 99
अन्तिम [언띰] 마지막 51
अफिस [어피스] 회사 38
अबश्य [어버세] 분명히 89
अमेरिका [어메리까] 미국 39
अर्को [어르꼬] 다른 76
अर्डर [오덜] 주문 116
अर्थ [얼터] 의미 69
अरु [어루] 다른 59
अलि [얼리] 조금 39
अवस्था [어버스타] 입장 76
असान्त [어산떠] 긴장 97
असिना [어시나] 우박 146
अहिले [어힐레] 지금 37
आँखा [아카] 눈 193
आँसु [아수] 눈물 95

आइतबार [아이떠바르] 일요일 112
आइरन गर्नु [아이런거르누] 다림질하다 175
आउनु [아우누] 오다 36
आगो [아고] 불 57
आज [아저] 오늘 44
आधा [아다] 반 (half) 154
आनीबानी [아니바니] 행동 80
आमा [아마] 어머니 43
आराम [아람] 휴식 45
आवाज [아와즈] 소리 84
इच्छा [잇차] 생각 135
इस्कुल [이스쿨] 초등학교 38
उचित [우찓] 적당한 70
उठ्नु [우트누] 들다 59
उडान [우란] 비행 207
उत्तर [욷떨] 대답 60
उत्पादन [욷빠던] 제품 240
उदास [우다스] 우울한 34
उद्रेनु [우드레누] 찢어지다 175
उधारो [우다로] 대여 223
उपहार [우뻐하르] 선물 49
उमेर [우메르] 나이 38
एउटा [요우따] 하나 59
एकछिन [액친] 잠깐 58
एक्लै [엑끌레이] 혼자 139
एड्भान्स [애드반스] 보증금 163
ओर्लिनु [오를리누] 내리다 86

औषधी [어우샤디] 약 82
औषधीको प्रिस्कृप्सन [어우샤디꼬 프리스크립션] 처방전 197
औषधी पसल [어우샤디 뻐설] 약국 197

क

कति [꺼띠] 몇 57
कपाल [꺼빨] 머리카락 172
कपास [꺼빠스] 옷 171
कपडा [꺼뻐라] 옷 175
कबुल [꺼불] 맹세 51
कम [껌] 더 적은 128
कमजोर [껌졸] 기운이 없는 189
कमाउनु [꺼마우누] 모으다 92
कम्प्रेन [껌쁠레인] 불평, 불만 99
कस [꺼스] 얼룩 175
कहाँ [까하] 어디 36
कहिलेकाई [꺼힐레까히] 가끔 46
काँक्रो [까끄로] 오이 66
काँचो [까쪼] 날, 덜 익은 156
काँटा [까따] 포크 84
काट्नु [까뜨누] 자르다 172
कान [깐] 귀 194
कान्छी [깐치] 막내딸 130
काप्नु [깝누] 떨리다 190
काम [깜] 일 34
कार्ड [깔드] 카드 164
कागज [까거즈] 종이 31
कागजात [까거잗] 서류 236
कारण [까런] 이유 209
किताब [기땁] 책 137
किन [끼너] 왜 65

किन्नु [낀누] 사다 49
किसिम [끼심] 종류 140
किस्ती [끼스띠] 쟁반 204
कुरा [꾸라] 이야기 35
कुहिरो [꾸히로] 안개 145
के [께] 무슨, 무엇 57
केटा [께따] 남자 81
केटी [께띠] 여자 133
कोक [꼬끄] 콜라 117
कोठा [꼬따] 방 177
कोलम [꼴럼] 열 141
कोरिया [꼬리아] 한국 36
कैलो [꺼일로] 갈색 174
क्यानसिल [깬슬] 취소 162
क्यास [깨스] 현금 165
खकार [커까르] 기침 190
खतरा [꺼떠라] 위험 183
खप्नु [컵누] 참다 98
खस्नु [커스누] 죽다 131
खाना [카나] 식사 47
खाता [카따] 계좌 166
खाली [칼리] 빈 154
खिच्नु [키쯔누] 사진 찍다 221
खुकुलो [쿠꿀로] 헐렁한 225
खुजुरा [쿠주라] 잔돈 166
खुट्टा [쿳따] 다리 65
खुसी [쿠시] 행복 33
खेलकुद [껠꾿] 운동 142
खेल्नु [껠누] 놀다, 운동하다 112
खोज्नु [코즈누] 찾다 120
खोल्नु [콜누] 열다 164
गनाउनु [거나우누] 냄새나다 215
गर्नु [거르누] 하다 38

부록

न्यानो [나노] 따뜻한 145
निकाल्नु [니깔누] 뽑다 167
निम्ता [님따] 초대 111
निश्चित [니스찐] 확인 162
नुहाउनु [누하우누] 목욕하다 181

प

पक्का [뻭까] 진짜, 정말 84
पखाला [뻐칼라] 설사 190
पर्खनु [뻐르커누] 기다리다 90
पछाडि [뻐차리] 뒤 141
पछि [뻐치] 뒤에, 후에 45
पढ्नु [뻐르누] 공부하다 39
पर्स [뻘스] 지갑 186
परिचय [뻐리쩌여] 소개 38
परिचयपत्र [뻐리쩌여뻐뜨러] 신분증 166
परिवर्तन [뻐리버르턴] 변형, 교환 162
पत्रिका [뻐뜨리까] 신문 207
परिवार [뻐리와르] 가족 43
पसल [뻐설] 가게 35
पहिलो [뻐힐로] 처음 35
पहेंलो [뻐헬로] 노란색 225
पागल [빠걸] 미치광이 97
पानी [빠니] 비, 물 57
पासपोर्ट [빠스뽈뜨] 여권 166
पासेल [빠셀] 소포 171
पिउनु [삐우누] 마시다 83
पिरो [삐로] 매운 156
पिसाप [삐삽] 소변 192
पुग्नु [뿌그누] 도착하다 46
पुस्तकालय [뿌스떠깔러여] 도서관 81
पेट [뻿] (신체) 배 83

पेशा [뻬사] 직업 231
पोल्नु [뽈누] 따갑다 193
पैसा [뻬이샤] 돈 92
पौडी [뽀우리] 수영 142
प्रचीन [프러찐] 클래식 105
प्रमाण पत्र [프러만 뻐뜨러] 자격증 233
प्रमुख [쁘러묵] 책임자 245
प्रयोग [프러요그] 이용 50
प्रवेश टिकट [프러베스 띠껫] 입장권 67
प्रश्न [프러스너] 질문 59
प्रसिद्ध [프러싣] 유명한 83
प्रहरी [프러허리] 경찰 183
प्लेट [플랫] 접시 116
प्याकिङ [빼낑] 포장 227
फम [펌] 파마 173
फरक [퍼럭] 다르다 69
फाइटिङ चलचित्र [파이팅쩔찌뜨러] 액션 영화 140
फेक्स [팩스] 팩스 236
फेरि [페리] 다시 42
फोटोकपी [포토카피] 복사 236
फुकाल्नु [푸깔누] 풀다 208
फुर्सत [풀썯] 자유시간 111
बच्चा [벋짜] 아기 80
बजे [버제] 시 o'clock 149
बज्नु [버즈누] 소리나다 53
बढी [버리] 더 많은 128
बत्ती [버띠] 전기 181
बधाइ [버다이] 축하 52
बदल्नु [버덜누] 바꾸다 205
बदुवा [버두와] 승진 53
बन्द गर्नु [번더 거르누] 닫다 84
बनाउनु [버나우누] 만들다 64

265

04 한국어-네팔어 색인

네팔어 회화 사전

초판 1쇄 인쇄 | 2012년 8월 25일
초판 1쇄 발행 | 2012년 9월 1일

저 자 | 정미라
발행인 | 서덕일
발행처 | 도서출판 문예림
출판등록 | 1962년 7월 12일 제 2-110호
주소 | 서울 광진구 군자동 1-13호 문예하우스 101호
전화 | 02-499-1281~2
팩스 | 02-499-1283
http://www.bookmoon.co.kr
E-mail:book1281@hanmail.net

· 잘못된 책은 구입하신 서점에서 교환하여 드립니다.

ISBN 978-89-7482-675-8(13790)